NATHALIE SCHMIDT

Seelenenergie

Von der Sprache deiner Seele –

über ihr geheimes Wissen –

bis hin zu deinem Seelenweg

Schirner
Verlag

Alle beschriebenen Personen sind frei erfunden. Jedwede Ähnlichkeit zu lebenden oder verstorbenen Personen ist rein zufällig und nicht beabsichtigt. Der Einfachheit halber ist im Text oft die männliche Form gewählt, wenn beide Formen (männlich und weiblich) Anwendung finden.

Dieser Titel ist auch als E-Book erhältlich.

ISBN 978-3-8434-1132-5

Nathalie Schmidt:
Seelenenergie
Von der Sprache deiner Seele –
über ihr geheimes Wissen –
bis hin zu deinem Seelenweg
© 2014 Schirner Verlag, Darmstadt

Umschlag: Murat Karaçay, Schirner,
unter Verwendung von #8062748
(Beboy), www.fotolia.de
Redaktion & Satz: Janina Vogel, Schirner
Printed by: ren medien, Filderstadt,
Germany

www.schirner.com

2. Auflage Juni 2014

Inhalt

Vorwort

Nathalie Schmidt verfügt über sehr viel Erfahrung im Umgang mit den Seelenwegen von Menschen. Sie hat sich viel und tief gehend mit der Energie, die alles Leben durchdringt, beschäftigt und gibt ihr Wissen fundiert und nachvollziehbar weiter. Als examinierte Krankenschwester begleitet sie viele Menschen, die an Wendepunkten ihres Lebens stehen und mit den Sinnfragen des Lebens konfrontiert werden: Wer bin ich? Woher komme ich? Warum trifft mich dieses Schicksal? Krankheit, Tod, Sterben und Heilung sind die Punkte, an denen der Mensch mit seiner Seelenenergie in Verbindung tritt, um sein Schicksal zu meistern, zu wenden oder sich ihm hinzugeben. Viele Fragen werden dabei aufgeworfen.

Dieses Buch eröffnet eine ganz einzigartige Sichtweise auf den Weg und den Schicksalsverlauf des Menschen. Es spricht alle Bereiche des Lebens an, gibt ungewöhnliche und inspirierende Antworten und ist mit praktischen, gut nachvollziehbaren Übungen versehen, die den Weg zur Seelenenergie offenbaren. Es regt zum Nachdenken über den Sinn des Lebens an und erinnert uns an unser einzigartiges, uns innewohnendes Seelenpotenzial, das allem Leben zur Verfügung steht.

Beim Lesen habe ich das Skript viele Male zur Seite gelegt, um über die aufgeworfenen Fragen nachzudenken und um in mich hineinzufühlen, weil die Worte wirklich tief berühren. Man fühlt die Wahrheit der Worte und die Kraft der Seelenenergie. Ein sehr empfehlenswertes und interessantes Buch – für Menschen, die einen neuen Blick in die Tiefe ihrer Seele werfen und mehr über die Kraft und das Potenzial ihrer Seele, ihren Auftrag und die Umstände, die sie uns manchmal beschert, wissen möchten.

Danke, Nathalie, dass du dein Wissen teilst. Danke für dieses wunderbare Buch, das uns aus der Ewigkeit auf die ein oder andere Weise mit seinen goldenen Strahlen berührt.

Möge es viel Segen in die Welt bringen.

Jeanne Ruland

Danksagung

Herzlichen Dank an Heidi und Markus Schirner für euren wundervollen Verlag, eure Offenheit für Neues und eure großartige Unterstützung aller Schirner Autoren.

Vielen lieben Dank vor allem an Manuel Schütze, Hans-Günter Moß, Gianni P. Trubarac-Dallmann für eure Unterstützung bei den vielen Messen. An Christin Milosevic, Olga Boos, Dagmar Loris, Erika Furbush, Katja Hiller, Hayati Demirtas, Judith Kurtz, Swantje Claußen, Lisa Sponholz, Simone Leikauf und an die vielen nicht namentlich genannten Mitarbeiter im Schirner Verlag, die uns Autoren so wundervoll betreuen und immer helfend zur Seite stehen. Ein herzliches Dankeschön auch an meine liebe neue Lektorin Janina Vogel für die tolle Unterstützung bei unserem ersten gemeinsamen Projekt. Ich danke Jeanne Ruland von Herzen für das wundervolle Vorwort zu »Seelenenergie« – ich war tief von ihren Worten berührt. Mein Dank gilt auch allen anderen Schirner Autoren, die mich mit offenen Armen so liebevoll empfangen haben und mir von Anfang an freundschaftlich zur Seite standen. Vielen Dank an Murat Karaçay für die schönen Cover, die meinen Büchern erst ein farbiges Gesicht geben.

Vielen lieben Dank an alle meine Leserinnen und Leser: Danke, dass ich so viel tolles Feedback von euch bekomme.

Und zum Schluss danke ich meiner Familie für die viele Unterstützung und das Verständnis, wenn ich mal wieder stundenlang am Computer sitze oder wegen meiner Bücher unterwegs bin.

Teil I
Deine Seele

Wer bist du?

Wie sollen dich andere erkennen,
wenn du dich selbst nicht kennst?

Du bist ein Mensch. Du bist Körper, Geist und Seele. Du bist ein Wunder der Natur. Du bist einmalig. Dich gibt es nur ein einziges Mal auf der Welt. Selbst wenn du ein Zwilling bist, bist du einzigartig in deiner Art. Einzigartig in deinem Sein.

Du bist ein wahres Wunder des Lebens.

Doch wer bist du genau? Was macht dich aus? Was unterscheidet dich von allen anderen auf der Welt? Was ist deine Einzigartigkeit?

Mache dir zunächst bewusst, dass du nicht einfach nur ein Mensch bist. Nicht einfach nur eine Person. Du bist viel mehr als das. Du bist die Summe aus vielen verschiedenen Dingen, aus vielen verschiedenen Prägungen, aus vielen verschiedenen Erfahrungen.

Du bist die Summe aus allem,
was um dich herum geschieht.

Vieles in deinem Leben hat dich beeinflusst, dich berührt, dich bewegt. Vieles hat dich geformt und dazu beigetragen, dass du so bist, wie du bist. Vieles hat dich zu dem gemacht, was du heute bist.

Und du bist nicht einfach nur irgendein Mensch. Du bist niemals »einfach«. Weder dein Körper noch dein Geist noch deine Seele sind »einfach«. Du bist so vielfältig, aber du selbst weißt nur wenig darüber:

Du bist viel mehr, als du nach außen hin darstellst.

Du bist alles und du bist ebenso nichts, denn vieles entspricht nicht deinem wahren Selbst. So bist du auch Schauspieler, Maskenträger und Meister der Täuschung und Tarnung.

Vieles, was du zu sein glaubst, bist du nicht.

Es ist nur eine Maske, eine Tarnung, ein Kostüm. Vieles, was du darstellst, was du zu sein vorgibst, ist falsch. Das bist nicht du – auch wenn du manchmal selbst denkst, dass du es seiest.

Wie ein unbeschriebenes Blatt kommen wir auf diese Welt – frei und ungezwungen. Wir kommen auf diese Welt ohne Maskerade, Täuschung und Tarnung. Wenn wir gezeugt werden, sind wir nur wir selbst. Nichts anderes. Wir sind eine reine Seele in einem nackten Geist und einem unverhüllten Körper.

Auch du bist so entstanden. Wir alle sind so entstanden, als sich die Eizelle unserer Mutter mit dem Samen unseres Vaters zu verschmelzen begann. Damals gab es nur die Eizelle und den Samen und unser unbeschriebenes Blatt – unsere unverhüllte Seele, unser wahres Seelendasein.

Doch bereits im Mutterleib wurden zarte Zeichen auf unser Blatt geschrieben. Zarte Zeichen, die sich hier verewigt haben, die feine Vertiefungen und Rillen hinterlassen haben. Ganz zart und fein, aber dennoch sichtbar und für die Seele spürbar.

Dann wurden wir geboren, und auf unserem Blatt wurden nun viele weitere Spuren hinterlassen. Unsere Mutter und unser Vater beschrieben es jeden Tag, auch unsere Geschwister, unsere Großeltern, unsere Tanten und Onkel sowie Freunde der Familie. Und mit jedem Tag, den wir auf dieser Welt verweilten, wurde unser Blatt reicher an Vertiefungen, Furchen und Rillen.

Manches Geschriebene wiederholte sich, und so wurden bestimmte Rillen immer deutlicher. Mit jeder Wiederholung fraß sich die Schrift tiefer in unser Blatt, so tief, dass man sie selbst von Weitem erkennen konnte. An manchen Stellen war die Schrift wiederum nur ein Hauch, sodass sie kaum zu sehen und selbst von Nahem nur schwer zu entziffern war.

Nun waren wir kein unbeschriebenes Blatt mehr. Nun waren wir nicht mehr nur reine, nackte Seelen.

Wir wurden zu Menschen mit Gefühlen und Empfindungen.

Zu Menschen mit Ängsten, Kummer und Sorgen, zu Menschen mit Heiterkeit und Freude. Aber auch zu Menschen mit Geschichte – der Geschichte unseres Lebens.

Mit jedem Tag, den ein Mensch verlebt, verändert er sich. Er wandelt sich von einer reinen, nackten Seele zu einer versteckten Seele. Verborgen unter der Menge an Eindrücken und Prägungen aus der Kindheit. Manche Kinder haben dabei ihre Seele vollkommen verloren, verloren unter Vorschriften, Ängsten und Reglementierungen. Andere Kinder haben nur kleine Aspekte ihrer Seele verloren, aber so wurde auch von ihnen ein Teil verdeckt.

Nun waren sie nicht mehr nur Seele, sondern Kinder ihrer Eltern.

Sie waren Menschen in einer Umgebung. Sie waren nun anders. Sie hatten gelernt, sich anzupassen. Anzupassen an ihre Umgebung. Denn der Mensch versucht, in der Masse nicht aufzufallen. Er möchte immer Teil des Ganzen sein.

Der Durchschnittsmensch möchte niemals aus der Masse hervorstechen.

Nur wenigen Menschen gelingt der Sprung aus der Masse, indem sie positiv oder auch negativ herausstechen. Die meisten Menschen hingegen haben das Bedürfnis, dazuzugehören, weswegen sie sich der Masse anpassen. Sie wollen so werden wie die Menschen um sie herum, so wie ihre Eltern und ihre Geschwister. Doch diese Menschen sind keine unbeschriebenen Seelen mehr. Schon seit vielen, vielen Jahren werden ihre Blätter beschrieben. Sie haben sich bereits in ihrer Kindheit verändert und sind weit entfernt von ihrem reinen Seelendasein.

Heutzutage geht es nicht allein ums Überleben – sondern um das Leben selbst.

Der Mensch hat gelernt, dass Anpassung das Überleben sichert: Durch Anpassung an seine Umgebung hat er die besten Überlebenschancen. Dieses Wissen spiegelt sich sogar in den Genen wider.[1]

Es mag sein, dass der Mensch durch Anpassung am besten überlebt, aber leben kann er am besten, wenn er authentisch bleibt, wenn er sich selbst und seiner Seele treu bleibt.

Ich sage dir nun, wer du bist. Du bist der Rest deiner Seele, die irgendwo tief in dir vergraben ist. Du bist die Summe deiner Prägungen aus deiner Kindheit. Du bist die Summe deiner Eltern, Großeltern und Geschwister, die Summe aller Menschen, die um dich herum waren, als du aufgewachsen bist. Du bist nicht bloß du selbst, sondern du bist eine Verschmelzung aus dir und anderen. Du bist eine Mischung aus vielem. Du bist eine Mischung aus Gutem und Nicht-Gutem, eine Mischung aus den Erfahrungen, die du im Laufe deines Lebens gemacht hast. Dabei gab es sicher gute und schlechte Erfahrungen. Du bist eine Mischung aus beiden.

Du bist eine Mischung aus dir und deiner Umwelt.

---

1 1990 erklärte H. F. Nijhout in »Metaphors and the Role of Genes and Development« (Nijhout 1990), dass nicht die Gene die Lebensvorgänge steuern. Er führte aus, dass bei einer benötigten Gen-Wirkung dieses Gen nicht aus dem Gen selbst heraus, sondern durch ein Signal aus der Umgebung aktiviert wird. Das bedeutet, dass die Umwelt den Menschen prägt. Umwelteinflüsse, wie Ernährung, Gefühle und Stress, können demnach die menschlichen Gene verändern. Siehe dazu Bruce H. Lipton: *Intelligente Zellen*, Koha Verlag 2008.

Was ist deine Seele?

In der Tiefe deines menschlichen Seins
schlummert dein wahres Ich und wartet darauf,
von dir erhört zu werden.

Deine Seele ist dein Ursprung. Sie ist das Einzige, was du wirklich im Leben besitzt. Das Einzige, was wirklich dir gehört.

Deine Seele, das bist du.

Sie ist dein wahres Du, dein authentisches Sein. Sie ist kein Organ, kein Körperteil, kein Gegenstand. Deine Seele ist dein Antrieb, dein Motor, deine Maschine. Im Inneren ist sie die Schaltzentrale deines Lebens, außerhalb ist sie die treibende Kraft.

Deine Seele ist nur dein Gutes. Sie ist deine Göttlichkeit, deine Bestimmung und deine Herkunft.

Deine Seele ist in diesem Leben mit deinem Körper verbunden. Sie verwendet deinen Körper, um sich in dieser Welt ausdrücken zu können. Wäre sie nicht mit deinem Körper verbunden, wärst du nicht auf dieser Welt. Du wärst woanders, du wärst dort, wo deine Seele zu Hause ist. Dort, wo du warst, bevor du gezeugt wurdest, und wo du wieder hingehst, wenn du gestorben bist.

Deine Seele führt dich durch dieses Leben.

Sie entscheidet, was richtig für dich ist. Sie erwartet, dass du, Mensch, ihr folgst und auf sie hörst. Doch die meisten Menschen hören ihre Sprache nicht. Bei ihnen hat eine andere Erscheinung ihres Selbst die Führung übernommen. Bei ihnen bestimmt nicht mehr ihre Seele, wohin der Weg gehen soll, sondern ihr Verstand. Ihr Ego ist lauter als die zarten Töne der verschütteten Seele. Sie haben den Zugang zu ihrer Seele verloren. Sie können sie nicht mehr finden, obwohl sie immer noch mit ihrem Körper verbunden ist. Diese Menschen schenken ihrer Seele kein Gehör mehr.

Die Menschen aber, die ihrer Seele vertrauen und im Zeichen ihrer Seele leben, lassen sich von ihr durchs Leben tragen. Sie vertrauen ihrer Seele blind und folgen ihren Signalen. Sie wissen, dass ihre Seele sie genau dorthin führt, wo ihre Bestimmung sie haben möchte. Sie wissen, dass sich ihre Seele niemals irrt, dass es nur ihr Verstand ist, der sich im Irrtum befindet.

Seele und Verstand sind wie zwei extreme Gegensätze.

Sie stoßen sich gegenseitig ab. Sie sind wie die Pole eines Magneten: Das, was die Seele will, boykottiert der Verstand, und das, was der Verstand will, ist niemals das Ziel der Seele. Verstand und Seele sind wie Dunkelheit und Licht. Wie Schwarz und Weiß. Sie sind sich niemals eins, und dennoch sind sie gleichsam Teile eines Ganzen – und das, solange du auf Erden lebst.

Deine Seele ist überall und nirgendwo in deinem Körper. Sie ist in jeder Zelle, und dennoch sieht man sie nicht, denn sie ist nicht sichtbar. Deine Seele ist das göttliche Prinzip in dir. Deine Seele ist alles, was du brauchst: Sie ist deine Kraft und Energie, dein Führer und Lehrer. Natürlich, in diesem Leben brauchst du auch einen Körper, um dich zu inkarnieren, aber deine Seele ist der Teil, der endlos ist, der dieses Leben überdauert. Nichts anderes brauchst du, um zu überleben.

Deine Seele ist deine Unsterblichkeit – auf immer und ewig.

Und wenn du eines Tages wieder nach Hause gehst und deinen Körper für immer verlässt, nimmt sie alles mit, was du hier auf Erden warst. Sie nimmt die Summe deiner Erfahrungen mit. Sie nimmt mit, was dir gelungen ist, und das, was dir misslungen ist. Dies macht sie schon seit vielen Generationen deines Seins. Jedes Leben, das du als Mensch gelebt hast, ist in ihr verzeichnet. Jedes Gefühl und jede Empfindung ist in ihr gespeichert.

Deine Seele ist die Essenz von dem, was du bist.

Deine Seele ist die Summe von dir, von deinen Eltern, von deinen Großeltern – von all deinen Ahnen. In dir ist immer ein Teil von ihnen. Wir können unsere Herkunft nicht verleugnen, und dies sollten wir auch niemals versuchen. Auch wenn unsere Eltern nicht die besten Eltern waren, auch wenn sie viel Schlechtes in unser Leben gebracht haben, müssen wir akzeptieren, dass ein Teil von ihnen immer in uns ist. Doch wir müssen keine Angst davor haben. Wir übernehmen die seelische Essenz unserer Vorfahren, und diese ist niemals bloß schlecht. Sie enthält immer einen guten und wahrhaftigen Kern, den unsere Vorfahren nur nicht ausleben konnten.

Wir tragen alles Gute und Schlechte lediglich als Informationen des Erlebten weiter, und es liegt an uns, was wir davon übernehmen und ausleben und was wir für immer aus uns verbannen.

Kinder von gewalttätigen Eltern werden nicht automatisch zu Menschen, die ihre Kinder missbrauchen.

Vielleicht bist du hier auf der Erde, um den Familienkreis, den »Teufelskreis« zu durchbrechen, der Leid über Menschen gebracht hat. Auch Kinder von gewalttätigen Eltern haben die Möglichkeit, aus dieser Erfahrung zu lernen, zu verstehen, dass es falsch ist, zu schlagen, und sie können ihre Kinder in Liebe aufziehen. Du musst als Seele niemals die Fehler deiner Eltern wiederholen, auch wenn ein Teil von ihnen in dir weiterlebt. Dagegen kannst du dich nicht wehren: Du bist zwar ein Teil deiner Eltern, du bleibst ein Leben lang mit ihnen verbunden, doch du bist niemals nur mit ihren schlechten, sondern immer auch mit ihren guten Aspekten verbunden. Egal, wie schlecht deine Eltern waren, sie kamen mit der Maßgabe auf die Erdenwelt, Gutes zu leben, auch wenn ihnen dies vielleicht nicht gelungen ist.

Deine Eltern sind der Schlüssel und das Tor zu deinem jetzigen Leben.

Vergiss das niemals. Auch wenn sie sehr viele Fehler gemacht haben, wärst du ohne sie nicht auf dieser Welt. Und du hast nun die Gelegenheit, es besser zu machen. Du kannst beweisen, dass es auch anders geht. Wenn du viel Leid in deiner Kindheit und Jugend erfahren musstest, sieh es nicht als Strafe, sondern erkenne es als Chance: Werde zu einem besseren Menschen als deine Eltern. Es ist deine Bestimmung, zeigen zu können, wie es richtig ist. Du wurdest dafür ausgewählt, weil du stark bist, weil du eine wundervolle Seele bist, die nicht daran zerbricht! Du hast einst gesagt: »Ich schaffe das, ich bin bereit, diesen Weg zu gehen.« Viele haben sich das nicht getraut und einen leichteren Weg gewählt als du. Doch du bist stark, du bist vollkommen, du bist bereit, gegen das Böse im Menschen anzugehen.

Du bist an deinen leidvollen Erfahrungen gewachsen, sie haben dich stärker gemacht, und du bist nicht wie andere daran zerbrochen.

Ich weiß, dass es so ist, denn du beschäftigst dich mit dem Sinn hinter den Dingen. Auch wenn wir uns nicht persönlich begegnet sind, weiß ich dies ganz genau, da du auf der Suche nach dir selbst bist. Du bist auf der Suche nach allen Anteilen, nach den guten Anteilen deiner Seele – sonst würdest du jetzt nicht dieses Buch in deinen Händen halten.

Sieh nicht nur den Schmerz, denn der Schmerz gehört immer mit zum Leben. Erkenne die Erfahrung hinter den unangenehmen Dingen, erkenne die Summe von dem, was du wirklich bist. So, wie du bist, bist du wundervoll. Ohne die gelebten Erfahrungen wärst du nicht so, wie du bist. Du wärst anders. Du wärst nicht du.

Nimm alles an, was in deinem Leben passiert ist – das Gute wie das Schlechte. Du bist die Summe von allem und damit wundervoll und einzigartig.

Was ist der Unterschied zwischen deinem Verstand und deiner Seele?

Kein Mensch besteht nur aus einem Ich.
Wir sind alle Mensch und Seele.

Immer wieder stellen wir Fragen an das Leben: Wir wollen die Dinge verstehen und wir wollen wissen, was die Ursache ist und was der Grund. Immer wieder wollen wir Menschen die Hintergründe mit unserem Verstand erfassen. Doch der Verstand kann diese Fragen nicht beantworten. Unser Verstand ist bloß unser Vermögen, Begriffe zu bilden und Urteile zu fällen. Dies macht unser Verstand anhand unserer derzeitigen Erfahrungen und Prägungen.

Die Stimme unseres Verstandes meldet sich erst, wenn wir alt genug sind, um zu denken.

Wenn wir als Kleinkinder geschrien haben, ist immer jemand gekommen und hat uns getröstet, uns in den Arm genommen und uns gefüttert. Wir, das bedeutet in diesem Fall unser Verstand, haben dadurch erkannt, dass wir Aufmerksamkeit bekommen, wenn wir schreien. Später haben wir gelernt, dass es wehtut, wenn man hinfällt, dass geschimpft wird, wenn man etwas »Böses« tut, oder dass man gelobt wird, wenn man etwas »Liebes« tut. Dies alles sind Erfahrungen, die wir in diesem Leben gemacht haben, und unser Verstand hat sie alle gespeichert.

Unsere Seele interessiert sich jedoch nicht für die gespeicherten Informationen unseres Verstandes. Diese Lernprozesse dienen nicht dem Lebenszweck unserer Seele, nicht ihrem Wachstum. Daher übergeht die Seele, wenn es für ihr Wachstum notwendig ist, die Erfahrungen des Verstandes und sorgt für körperlichen Schmerz oder Leid. Dies passiert beispielsweise bei Unfällen oder Krankheiten. Sie dienen unserem Wachstumsprozess, indem sie unser alltägliches Leben unterbrechen und uns zum Stehenbleiben und Überdenken zwingen. Wir werden aus unserem Trott gerissen und müssen uns mit der Situation arrangieren. Weder Unfälle noch Krankheiten passieren rein zufällig. Alles, was im eigenen Leben passiert, geschieht im Einverständnis mit unserer Seele.[2]

Die Seele hat ganz andere Informationen gespeichert. In ihr befinden sich alle Informationen zu deinem wahren Sein, zu deinen bisherigen Seelenerfahrungen, zu deinem geplanten Seelenweg. In ihr ist alles gespeichert, was in diesem Leben für dich von Bedeutung ist. Deine Seele weiß, welche Menschen zu deinem Wachstum beitragen und welche nicht. Sie weiß, wer dir dient und wer dir schadet. Und »dienen« meint hier nicht unbedingt, dass dieser bestimmte Mensch dir nur Gutes tut.

Ein Mensch dient uns, indem er unserer Seele dient.

Er dient uns, indem er uns ärgert, uns herausfordert und uns zwingt, anders zu agieren. Er dient unserer seelischen Entwicklung. Doch können wir dies mit unserem Verstand nicht erfassen.

---

2 Mehr zu diesem Thema steht im Kapitel »Krankheiten und Energie« in meinem Buch *Energie im menschlichen Leben. Energiemangel vorbeugen und ausgleichen*, Schirner Verlag 2012.

Deine Seele weiß, wo du in welchem Augenblick deines Lebens sein musst, um schicksalhafte Begegnungen zu haben. Dies sind Begegnungen, die enorm wichtig sind. Sie helfen dir, in deiner seelischen Entwicklung vorwärtszukommen. Die Seele weiß genau, dass du an einem bestimmten Tag, an einem bestimmten Ort einen bestimmten Menschen treffen wirst, und sie wird dich dorthin führen. Durch irgendwelche »Zufälle« wirst du genau diesen einen Menschen kennenlernen.

Unsere Seele gibt uns den Weg vor.

Doch es ist unser Verstand, der sich nicht traut und Angst hat, diesem Weg zu folgen. Er blockiert uns und versucht, uns einzureden, dass etwas anderes besser oder sicherer sei. Er möchte sich nur ungern vorwärtsbewegen. Lieber bleibt er beim Alten, weil er dies kennt und sich auf seine gemachten Erfahrungen verlassen kann. Schließlich hat er dies so gelernt.

Ein Beispiel: In unserer Kindheit haben wir beim »Topfschlagen« oder »Blinde Kuh«-Spielen gelernt, dass man sich mit geschlossenen Augen verirrt und völlig falsch orientiert. Anstatt allein in die richtige Richtung zu gelangen, sind wir auf die Zurufe unserer Mitmenschen angewiesen (»heiß« oder »kalt«). Dies lässt sich auf das Erwachsenensein übertragen: Du arbeitest bereits seit einigen Jahren in einer Firma und kommst dort gut zurecht. Dann findest du allerdings zufällig in der Zeitung ein Stellenangebot von einer anderen Firma mit viel höherem Einkommen und verantwortungsvollerem Aufgabengebiet. Dieser neue Job würde dich wahnsinnig reizen und interessieren. Doch du kennst die neue

Firma nicht. Was wirst du tun? Der Ratschlag der Menschen in der Umgebung steht hier für die Zurufe. Du verlässt dich lieber auf das Gewohnte, auf deinen Verstand. Du wirst die Menschen in deiner Umgebung um Rat fragen, anstatt dir erst einmal selbst ein Bild zu machen, anstatt auf dein Innerstes, auf deine Seele zu hören.

Obwohl deine Seele im ersten Moment total begeistert war, geht dein Verstand anhand seiner Erfahrungen vor.

Er blockiert deine erste Euphorie. Er bremst dich ab und versucht, dich beim Alten zu halten. Er macht dich unsicher.

Der Verstand ist dein Gehirn. Er ist das ständige Denken und Grübeln. Das Durchwälzen von Problemen. Das Analysieren und Auseinandernehmen jeder Situation. Er steht niemals still. Er arbeitet ununterbrochen, von früh bis spät. Am intensivsten arbeitet er, wenn du Ruhe hast. Dann verschafft er sich am stärksten Gehör. Meist arbeitet er mit Bedenken, Ängsten, Problemen und Schwierigkeiten. Selten arbeitet er im Positiven. Dein Verstand ist wie eine Fessel. Wie ein Klotz, der dich in die Tiefe zieht.

Dein Verstand ist eigentlich genau das, was dich am wahren Leben hindert!

»Wozu haben wir Menschen dann einen Verstand?«, wirst du dich fragen. Wir brauchen unseren Verstand, um im Alltag zurechtzukommen. Viele Dinge im Leben können nur mit dem Verstand kontrolliert werden. Hätten wir keinen Verstand, würden wir niemals begreifen, dass eine Herdplatte heiß ist, und uns immer wieder die Finger verbrennen. Doch so wichtig der Verstand im Alltag ist, so schlecht ist er für unsere seelische Entwicklung. Dort hat er nichts zu suchen. Dort behindert er uns nur.

Der Verstand ist unser größter Feind im Seelenleben.

Die Seele braucht den Verstand nicht, denn sie weiß, was sie will und was sie braucht. Sie weiß, was uns hilft und was nicht. Die Seele ist in jeder Zelle unseres Körpers. Die Seele spüren wir. Die Seele fühlen wir. Die Seele antwortet uns, aber nur ganz leise. Sie sagt uns, was richtig ist, aber nicht durch Worte.

Den Antworten der Seele muss man lauschen, denn sie sind wie ein Flüstern im Wind.

Sie sind nur ein Hauch und doch sind sie klar und deutlich, wenn man bewusst auf sie hört. Die Antworten des Verstandes sind hingegen endlose Litaneien sich wiederholender Worte. Immer wieder erklärt uns der Verstand, warum etwas so ist, wie er meint. Die Seele dagegen erklärt sich nicht. Sie erwartet, dass du ihr vertraust und ihr folgst, ohne dies zu hinterfragen. Schließlich bist du deine Seele. Schließlich ist es dein eigenes Wissen, was sie dir offenbart. Sie muss die Antworten nicht immer wiederholen, damit du sie befolgst. Wenn du ihnen nicht folgst, wird die Seele auf andere Weise zu dir sprechen. Die Seele verzeiht dir deine Fehler, wenn du sie nicht gleich beim ersten Mal hörst und verstehst.

Du bekommst neue Möglichkeiten, auf deine Seele zu hören, aber niemals in der gleichen Form, niemals in der gleichen Art, niemals so einfach wie beim ersten Mal.

Ein Beispiel: Wenn du ein Mensch bist, dem es schwerfällt, »Nein« zu sagen, selbst wenn du etwas wirklich nicht willst, dann werden dir immer wieder Menschen begegnen, die dich dazu herausfordern. Zum Beispiel möchte ein Freund, dass du etwas mit ihm unternimmst, obwohl du viel zu müde bist. Er überredet dich, und du stimmst zu. Der Abend verläuft nun unangenehm für dich, denn eigentlich wolltest du dich ja ausruhen. Du sagst dir, dass du das nächste Mal schlauer sein wirst. Doch das nächste Mal kommt eine Freundin auf dich zu. Sie möchte sich Geld von dir leihen, obwohl sie dir bereits einiges schuldet. Du weißt, dass sie nicht mit Geld umgehen kann und es immer wieder für die falschen Dinge ausgibt, doch sie bittet dich inständig, und so gibst du ihr das Geld. Das nächste Mal willst du aber schlauer sein. Aber dann verlangt dein Chef plötzlich jede Menge unbezahlter Überstunden von dir und lockt dich mit einer zu erwartenden Beförderung. Auch wenn du im Prinzip weißt, dass diese in ferner Zukunft liegt, willigst du ein – du kannst eben niemandem etwas abschlagen. Und so wird es in deinem Leben immer weitergehen. So lange, bis du endlich gelernt hast, »Nein« zu sagen.

Daher höre auf diese Signale deiner Seele. Lausche ihren Vorgaben, ihren Wünschen, Erwartungen und Zielen.

Achte immer auf deine innersten Gefühle.
Achte niemals nur auf deinen Verstand.

Er wird dich irritieren, ablenken und verwirren. Er wird niemals dafür sorgen, dass du dich »seelisch« richtig entwickelst. Dies kann nur deine Seele.

Der Verstand konkurriert mit deiner Seele. Er möchte wichtiger sein als du selbst. Er möchte das Sagen haben, er will der Anführer in deinem Leben sein. Oft sagt er genau das Gegenteil von dem, was deine Seele will. Wenn sie »A« sagt, meldet der Verstand dir »B«. Um dich besonders zu verwirren, sagt er auch »C«. Er meldet sich dabei laut und vehement und bringt viele Argumente und Aspekte, sodass du glaubst, B oder C sei die richtige Entscheidung. Du fängst an zu grübeln, ob B besser sei oder C, und verlierst dabei das A völlig aus den Augen. Denn die Seele sagt nur »A« ohne weitere Ausführungen und Erklärungen. Und so meinst du, A sei falsch, obwohl es das Richtige für dich wäre.

Lasse dich von kreisenden Gedanken nicht verwirren, sondern vertraue deinem ersten Impuls.

Dann stehst du in Kontakt mit deiner Seele.

Praktische Übung zum Erkennen der eigenen Impulse:

Immer, wenn du nicht sicher bist, ob sich dein Verstand oder deine Seele meldet, dann gehe folgendermaßen vor: Nimm ein Blatt Papier zur Hand, und notiere deine Frage – aber ohne gleich nach einer Antwort zu suchen. Stecke den Zettel ein, oder lege ihn an einen

Ort, an dem du ihn später findest. Nun lasse die Angelegenheit los, und beschäftige dich nicht weiter mit ihr. Mache etwas völlig anderes. Lenke deinen Verstand ab. Vielleicht gehst du spazieren, hörst Musik oder arbeitest an irgendetwas. Wichtig ist, dass du dich völlig von der Frage und der Suche nach der richtigen Antwort löst. Anfänglich musst du die Beantwortung der Frage vielleicht sogar auf den nächsten Tag verschieben. Doch je öfter du diese Übung machst, und je öfter du es schaffst, alle störenden Gedanken abzuschalten, desto besser trainierst du dieses Loslassen. Am besten ist es, wenn du die Frage vollkommen vergisst und erst wieder daran denkst, wenn du den Zettel wiederfindest. Nun antworte ganz spontan, ohne lange zu überlegen. Schreibe einfach deine Antwort auf, und lies diese erst hinterher. Je weniger du dabei nachdenkst, desto mehr bist du auf deiner Seelenebene.

Wenn du die Antwort einmal schneller brauchst, hilft es, ebenfalls für ein paar Minuten zur Ruhe zu kommen. Blende alles aus, und gehe in dein Inneres. Schließe die Augen, lege die Hände auf den Bauch, und atme tief ein und aus. Konzentriere dich nur auf deine Atmung, und lasse den Atem tiefer und ruhiger fließen. Wenn all deine Gedanken und deine Umgebung keine Rolle mehr spielen, öffne die Augen. Nimm einen Stift zur Hand, und beantworte spontan die Frage auf dem Zettel. Denn nun bist du ganz bei dir selbst und bei deiner Seele.

Welche Aufgaben hat deine Seele?

Ein Leben ohne Sinn ist kein Leben.

Lange bevor du geboren wurdest und lange bevor deine Eltern dich zeugten, hat sich deine Seele überlegt, an welchen Aufgaben du arbeiten, an welchen Aufgaben du wachsen sollst.

Deine Seele will in erster Linie eins: wachsen!

Deine Seele will wachsen, gedeihen und sich vergrößern, und dafür ist ihr jedes Mittel recht. Schließlich geht es um deine persönliche Entwicklung, die einzig wahre Entwicklung: dein Seelenwachstum. Sie will wachsen und vollkommen werden.

Alles andere ist vergänglich. Alles andere hat keinerlei Bestand. Nicht in diesem Leben und nicht in dem davor und nicht im nächsten Leben. Nichts hat im Leben Bestand, außer deiner Seele. Unsere reine, pure Seele. Sie ist wie die Sonne, die jeden Morgen wieder scheint. Sie scheint immer, auch wenn sie im Leben mancher Menschen nicht zu sehen ist, denn sie war schon immer da, ist immer da und wird auch immer da sein. Unsere Seele ist wie die Welt selbst: Sie wandelt sich, aber sie hat Bestand. Immerwährenden Bestand.

Doch um bestehen zu können, muss sie sich entwickeln. Sie muss sich ausbreiten, ausdehnen und vergrößern. Wenn sie dies nicht täte, gäbe es sie eines Tages nicht mehr. Daher ist ihr einziges Ziel, und damit auch dein einziges Ziel: die Entwicklung deiner Seele!

Jede Seele sucht sich ihre eigenen Lebensaufgaben zum Wachsen. Diese Aufgaben sind immer einzigartig, denn so verschieden wie wir Menschen sind, so unterschiedlich sind unsere Seelen. Die Seele des einen Menschen mag die Aufgabe bereits gemeistert haben, an der du dich noch abarbeiten musst. Doch auch diese Seele hat einen Grund, warum sie wieder in einen Körper inkarniert ist. Sie hat nun eine andere Lebensbestimmung als du.

Keine der Aufgaben ist wichtiger als eine andere. Alle Aufgaben sind gleich wichtig. Denn es geht um das Wachstum der Seele, und wachsen kann sie nur, wenn du deine Aufgaben meisterst.

Wenn der Mensch scheitert, kann die Seele nicht wachsen.

Wenn der Mensch in diesem Leben an seinen Seelenaufgaben versagt, dann kann die Seele sich nicht entwickeln. Daher wird sie alles versuchen, um den Menschen zum Meistern seiner Aufgaben zu bewegen. Jedes Mittel ist ihr dafür recht, denn das Ziel heiligt die Mittel. Es ist ihr vollkommen egal, ob es der Mensch leicht oder schwer hat. Sie möchte einzig und allein, dass er es schafft.

Für die Seele zählt nur der Erfolg, nicht der Weg. Die Seele sieht nur das Ziel, nicht die Umstände und Missstände. Sie weiß ganz genau, was sie will; es ist der Mensch, der seine Aufgaben und Ziele aus den Augen verliert. Der Mensch ist derjenige, der planlos durch sein Leben irrt, derjenige, der Fehler macht, derjenige, der seine Aufgaben nicht angeht und stattdessen meint, das Leben nur genießen zu können. Es ist der Mensch, der meint, das Leben müsse Vergnügen und Spaß beinhalten. Es ist der Mensch, der meint, dies wäre seine Aufgabe im Leben. Doch eine Seele entwickelt sich nicht durch Vergnügen und Spaß, und erst recht nicht, wenn dies auf Kosten anderer geschieht.

Eine Seele entwickelt sich, wenn sie trotz Leid, Schmerz und Kummer immer noch Freude am Leben hat.

Wenn du trotz Schwierigkeiten und Problemen immer noch lachen kannst und das Leben als solches liebst, wenn du das Glück, das du hast, in den kleinen Dingen des Lebens erkennst, dann entwickelst du deine wunderbare Seele – nur dann.

Es gibt verschiedene Seelenaufgaben, die eine Seele erwählen kann. Es gibt Hauptgruppen und Untergruppen, auf die ich aber erst später ausführlich eingehen möchte. Im Moment genügt es, wenn du weißt, dass es sehr viele Seelenaufgaben gibt. Manchmal ist es ein ganzer Komplex mit unterschiedlichen Teilaufgaben. Manchmal sind die Seelenaufgaben so umfangreich, dass diese über mehrere Inkarnationen verfeinert werden. Manchmal machen Seelen sich ein bestimmtes Thema zur Aufgabe und leben dieses Thema immer wieder aus. Solch ein Thema tritt bereits früh in den Mittelpunkt des Lebens, und der Mensch fühlt sich davon angezogen. Manchmal verabreden sich Seelen, die das gleiche Hauptthema leben wollen, und inkarnieren in einer Familie.

Welche Ziele hat deine Seele?

Nur wenn du weißt, wohin du willst,
kannst du dort ankommen.

Deine Seele will nur eins: Entwicklung. Entwicklung um jeden Preis. Sie will mit jedem Leben besser und mit jeder Erfahrung reifer werden. Sie will durch Lernprozesse Weisheit erfahren, und Fehler, die einst begangen wurden, korrigieren.

Deine Seele möchte, dass du als Mensch immer bei ihr bist, dass du authentisch bist in jedem Augenblick deines Lebens. Sie möchte als reine und pure Seele gelebt werden.

Deine Seele will, dass du als Mensch
in einer Einheit mit deinem Seelenplan bist.

Gelingt dir das, wirst du im hellsten Glanz strahlen. Du wirst in dieser Welt strahlen und in der anderen Welt. Doch im Jenseits strahlen viele Seelen.

Die große Kunst ist es, in dieser Welt zu strahlen.

Wenn du das als Mensch schaffst, bist du sichtbar auf dem Weg deiner Seelenentwicklung: Du bist voll und ganz auf deinem Seelenweg.

Deine Seele hat es sich zum Ziel gemacht, die Welt zu erleuchten. Dies gelingt ihr, indem sie an ihren Aufgaben wächst und vollkommen wird. Sie möchte Gutes schaffen. Sie möchte die Menschheit und damit das allgemeine Seelenwachstum voranbringen. Jede einzelne Seele trägt dazu bei. Viele Menschen sind sich dessen nicht bewusst, aber die Seele weiß, wie wichtig jeder einzelne Mensch ist. Deine Seele möchte die Schwingung der Welt erhöhen. Sie möchte Licht bringen, wo es noch dunkel ist. Sie möchte Liebe geben, wo Hass herrscht. Sie möchte Freude geben, wo Trauer ist. Deine Seele möchte unsere Welt verbessern, denn dadurch trägt sie ihren Teil zum Großen und Ganzen bei. So sorgt sie für Glanz und inneres Licht – und für Seelenentwicklung.

Menschen, die auf ihrem Seelenweg sind, tragen das Seelenlicht in sich. Sie haben ein Leuchten in ihrem Inneren. Diese Menschen haben eine unglaublich starke Ausstrahlung. Sie ist hell und leuchtend, weit und unglaublich dicht. Sie sind reines Seelenlicht.

Menschen mit einer sehr starken positiven Ausstrahlung haben bereits einige ihrer Seelenziele erreicht.

Du als Mensch sollst deine Ziele den Zielen deiner Seele unterordnen. Denn nur die Ziele deiner Seele sind deine wahren Ziele. Alles andere sind geistige Verwirrungen. Alles andere sind Irrtümer der Menschheit. Alles andere sind falsche Ziele, zum Beispiel übermäßiger Luxus, übertriebener Reichtum, materielle Statussymbole oder Anerkennung von außen.

Deine Seele weiß immer, was ihr Ziel ist. Sie weiß es ganz genau. Es ist allein der Mensch, der dies immer wieder vergisst.

Es ist der Mensch,
der sich vom Wesentlichen ablenken lässt.

Deine Seele sieht das Große, das du als Mensch meist nicht sehen kannst oder nicht sehen willst. Deine Seele weiß um dein Seelenziel und betrachtet nicht nur den klitzekleinen Aspekt eines einzigen deiner Menschenleben. Was ist schon ein einzelnes Leben angesichts der vielen Menschenleben, die eine Seele für ihre Entwicklung braucht? Angesichts des großen Ganzen, das das Ziel deiner Seele ist? Warum meint der Mensch, dass er allein wichtig ist, wenn doch das Ziel viel mehr umfasst?

Der Sinn des Lebens ist viel größer, als der Mensch es ermessen kann. Er denkt in der Regel zu klein. Er sieht nicht das Große, nicht das Ganze. Er sieht nicht das Wesentliche im Leben. Der Mensch verliert sich gerne in Nichtigkeiten, im Unwesentlichen.

Doch eine Seele lebt viele Menschenleben, viele Inkarnationen. Wenn eines dieser Leben nicht so verläuft, wie die Seele es geplant hat, dann hat dies keine Auswirkungen auf das große Ziel. Es dauert nur etwas länger, aber:

Was ist schon ein Menschenleben
angesichts der Unendlichkeit einer Seele?

Und dennoch schätzt es deine Seele nicht, wenn du als Mensch versagst. Wenn du als Mensch nicht bereit bist, deine Entwicklungen zu vollziehen und deine Seele zu vervollkommnen. Deine Seele wünscht sich, dass du dieses Ziel niemals aus den Augen verlierst und es immer verfolgst. Wenn du es nicht tust, dann wird dich deine Seele opfern. Dies tut sie nicht gerne, und es ist auch immer nur der letzte Ausweg – trotzdem ist deine Seele bereit, es zu tun, um ihr Ziel zu erreichen.

Wenn du als Mensch die Ziele nicht erkennen willst, wird deine Seele dich dazu zwingen – mit allen Konsequenzen.

Dein Leben wird so lange anstrengend und schwer sein, bis du den Zielen deiner Seele folgst. Krankheiten, Unfälle und Schicksalsschläge dienen dazu, dich zurück zu dir selbst zu bewegen. Sie dienen immer deiner Seele, auch wenn du, Mensch, diesen Belastungen nicht gewachsen bist.

Deine Seele hat auch niemals nur ein Ziel. Sie hat viele Ziele, denn es gibt unendlich viele Aspekte zu verbessern, unendlich viele Aspekte zu vervollständigen. So ist zum Beispiel nicht nur Mitgefühl wichtig, sondern auch Vertrauen, Güte, Mut und Stärke. Die Seele will sich in allen Bereichen vervollkommnen. Deiner Seele ist jedes Ziel wichtig, denn jedes hat den gleichen Stellenwert. Wenn du als Mensch einen Punkt begriffen hast, musst du gleich an dem nächsten Punkt arbeiten. Du bekommst keine Schonzeit von deiner Seele. Alles ist wichtig, denn:

Eine vollkommene Seele muss in allen Bereichen vollkommen sein.

Ist das eine Ziel erreicht, wird die Seele daher sofort das nächste Ziel angehen. Dies muss nicht unbedingt in diesem Leben sein, aber spätestens im nächsten.

Was ist der Sinn deines Lebens?

Wenige Menschen kennen den Sinn ihres Lebens.
Wenige Menschen wissen, wer sie sind.

Bevor deine Seele beschlossen hat, wiedergeboren zu werden, hat sie die Aufgaben für dieses Leben gesetzt. Die Punkte, an denen du am meisten arbeiten musst, wurden von ihr zu den Zielen deines neuen Lebens erklärt. Manchmal sind dies Punkte, die im letzten Leben verfehlt oder noch nicht eindeutig aufgearbeitet wurden. Manchmal sind dies ganz neue Aufgaben. Auf jeden Fall hat deine Seele selbst diese Lebensaufgabe ausgewählt. Deine Seele selbst hat beschlossen, welchen Aspekt sie in diesem Leben vervollständigen möchte.

Die Ziele deiner Seele sind hoch und niemals einfach.

Wenn man ein Mensch ist, ist alles schwieriger. Wäre man noch Seele mit dem gesamten Wissen der vergangenen Inkarnationen, wäre es einfach, das Ziel zu erreichen. Aber als Mensch, der nichts von seinen vorherigen Leben weiß, der quasi ahnungslos in die Welt geboren wird, ist das Ziel schwer zu erreichen.

Wenn der Mensch geboren wird, hat er bereits seine fünf Sinne zum Leben, doch er ist ein hilfloses, abhängiges Wesen. Er kann noch nicht sprechen, er kann noch nichts sehen, er kann sich noch nicht allein fortbewegen. Auf der einen Seite ist dies die größte Chance für den Menschen, auf der anderen Seite ist es aber auch seine größte Schwäche. Es ist eine Chance, weil der

Mensch als ein nahezu unbeschriebenes Blatt anfangen kann: Er beginnt sein neues Leben ohne alte Prägungen, ohne Fehler, ohne das Wissen um die eigenen Misserfolge. Es ist aber auch eine Schwäche, weil er ums Überleben kämpfen muss und auf die Hilfe anderer Menschen angewiesen ist. Diese Menschen prägen und beeinflussen ihn. Sie verändern ihn und dadurch verliert der Mensch oftmals seine eigentlichen Seelenziele völlig aus den Augen: Er vergisst sie einfach, wenn er sich als hilfloses Menschenkind seinen Platz in dieser Welt erarbeiten muss.

Doch unsere Seele hat einen großen Plan für uns entworfen – noch lange vor unserer Geburt. Sie weiß genau, wie sie ihr Ziel am besten erreichen und durch welche Umstände sie am ehesten wachsen kann. Aus diesem Grund hat deine Seele deinen Lebensplan vor langer Zeit geschrieben. Der Lebensplan besteht, und die Lebensaufgabe ist klar definiert.

Viele Wege führen zu deinem Ziel, daher hat deine Seele viele Wege vorbereitet.

Wir müssen die Aufgaben unserer Seele meistern, um Glück und Frieden zu erfahren. Um wenig Schmerz und Leid in unser Leben zu ziehen, müssen wir dem Weg unserer Seele folgen. Wir müssen unsere Seele als einzige vertrauensvolle Instanz in unserem Leben definieren, denn nur sie weiß, wohin der Weg gehen soll. Niemand sonst kennt unsere Lebensaufgaben. Niemand sonst kann uns bei der Erfüllung unserer seelischen Herausforderungen helfen. Dies kann nur unsere Seele, unser Kern, unser wahres Selbst.

Der Mensch nimmt vieles persönlich – dabei geht es nicht um ihn als Person, sondern es geht immer nur um ihn als Seele!

Nicht der menschliche Körper ist wichtig im Leben, die Seele ist das Entscheidende. Der Mensch muss irdische Verluste hinnehmen, wenn es der Entwicklung seiner Seele dient.

Der Sinn deines Lebens ist es, dieses eine Leben richtig zu nutzen. Du hast im Moment nur dieses eine Leben. Selbst wenn du an Reinkarnation glaubst, ist es wichtig, es als einziges bedeutendes Leben anzusehen. Du hast immer nur im Jetzt die Möglichkeit, etwas zu ändern, etwas zu verbessern. Nur im Jetzt lebst du. Die vergangenen Leben und selbst die vergangenen Jahre dieses Lebens sind vorbei. Sie können dir nicht mehr dienen. Du kannst sie nicht mehr verändern.

Das Leben ist wie ein Buch, und die vergangen Jahre sind die bereits beschriebenen Seiten. Sie erzählen schon eine Geschichte. Doch vor dir liegt die nächste freie Zeile, die du beschreiben kannst und darfst. Entscheidend ist, dass du den Stift in die Hand nimmst und selbst deine Geschichte fortschreibst, selbst bestimmst, wie deine Geschichte weitergeht. Du kannst eine traurige Geschichte schreiben, oder aber eine fröhliche. Du entscheidest selbst. Niemand diktiert sie dir. Kein anderer schreibt deine Lebensgeschichte.

**Das Leben ist ein Buch
mit leeren und mit beschriebenen Seiten.**

Alles, was in deinem Leben geschieht, wird dir nicht von außen aufgezwungen. Gott sitzt nicht in seinem Himmelsstuhl und entscheidet über Glück oder Unglück. Nein, dies entscheidest du ganz allein. Nur du und deine Seele.

**Du musst erkennen,
dass auf jede Aktion eine Reaktion folgt.**

Eine Reaktion kann zeitverzögert erfolgen, sodass die Menschen nur schwer den Zusammenhang sehen, eine Reaktion kann aber auch schnell und unmittelbar geschehen. Wichtig ist zu wissen, dass wir, egal, was wir tun, sagen oder denken, etwas im Leben bewegen, dass wir etwas verändern.

Ein Beispiel: In deiner Wohnung hast du einen Tisch, auf dem einige Gegenstände stehen. Wenn du diese Gegenstände verschiebst, dann verändert sich das Bild. Durch deine Aktion steht die Vase nicht mehr rechts auf dem Tisch, sondern sie steht jetzt links, und rechts befindet sich nun eine Schale mit Obst. Je mehr Gegenstände du auf dem Tisch verschiebst, desto stärker verändert sich das Bild. Für ein anderes Familienmitglied sieht diese neue Ordnung vielleicht völlig chaotisch aus, obwohl dir das Bild besser gefällt. Auf jeden Fall hast du etwas verändert.

Genauso ist es mit all deinen Worten. Du sendest eine Energie aus, die in dir ihren Ursprung hat, und verschiebst damit etwas. Vorher gab es die Energie deiner Worte nicht, nun ist sie da und nimmt einen gewissen Platz ein. Wenn andere Menschen sie hören, reagieren sie direkt darauf. Wenn ihnen deine Worte gefallen, freuen sie sich. Wenn sie sie nicht mögen, fühlen sie sich möglicherweise beleidigt, werden wütend oder fühlen sich verletzt. Auf jeden Fall hast du mit deinen Worten das Bild verändert, das derjenige von dir hatte, und damit hast du ein wenig die Welt verändert. Auch deine Taten sorgen für Veränderung: Du sorgst immer für Bewegung im Weltbild. Manchmal sind die Reaktionen minimal, sodass sie kaum erkennbar sind. Doch sie sind immer da: Gehst du zum Beispiel einen schmalen Weg entlang und dir kommt jemand entgegen, weicht dieser Mensch dir seitlich aus. Er hat auf dich reagiert, denn wenn du ihm nicht entgegengekommen wärst, hätte er geradeaus weitergehen können.

Handle immer mit Bedacht und Aufmerksamkeit, denn mit all deinen Handlungen veränderst du die Welt.

Selbst deine Gedanken verändern die Welt – auch, wenn nur du sie kennst. Dies liegt zum einen daran, dass sie immer mit dir energetisch verbunden sind und etwas anderes verdrängen. Zum anderen liegt es daran, dass du bereits selbst auf deine Gedanken reagierst, und somit auch die anderen auf dich reagieren müssen. Gedanken strahlt man aus, sie sind Energie, die man in den Raum sendet: Hast du traurige Gedanken, wirst du nicht lächeln, sondern Traurigkeit ausstrahlen; hast du schöne Gedanken, zeigst du ein offeneres Gesicht und verbreitest positive Energie in der Welt.

Nicht die Welt verändert dich, sondern du veränderst die Welt.

Das ist eine der entscheidenden Erkenntnisse, die man als Mensch haben sollte. Wenn man dies weiß, beklagt man sich nicht, wenn das Leben nicht nach den eigenen Wünschen verläuft. Man weiß, dass man zuerst sein eigenes Verhalten ändern muss, um die Reaktionen der anderen zu verändern. Du allein bist derjenige, der deine Welt verändern kann. Du bist der Autor deines Lebens.

Die Herausforderung unseres Menschenlebens ist es, mit nichts alles zu meistern. Sobald wir in einem menschlichen Körper sind, haben wir nur noch unsere menschlichen Sinne zur Orientierung, unser Gehirn zum Denken und eine vage Verbindung zu unserer Seele. Mit dem Beginn eines neuen Menschenlebens verlieren wir das tiefe Wissen über unser wahres Dasein, unsere Instinkte, unser Vertrauen in uns selbst und die Verbindung zu dem seelischen Himmelreich, in dem wir alle zu Hause sind. Was uns bleibt, ist eine leise Ahnung von diesen Dingen. Doch wir zweifeln. Wir spüren, dass es noch mehr gibt, und doch glauben wir nicht daran. Wir sehnen uns nach dem heimatlichen Paradies, und doch klammern wir uns als Menschen an das Leben. Wir fühlen uns in einem Körper eingesperrt und vermissen die seelische Freiheit, und doch ist das Körperliche für uns das höchste Gut.

Wenn der Mensch seinem seelischen Selbst mehr vertraut, dann lösen sich viele seiner Probleme und Ängste in Luft auf.

Und genau das ist unsere Herausforderung: Wir müssen lernen, uns selbst zu vertrauen. Wir müssen als Menschen neu erkennen, wer wir wahrhaftig sind. Wir müssen uns selbst neu erfahren. Wir müssen lernen, uns dem Leben hinzugeben, und es so zu nehmen, wie es ist. Nur so können wir den menschlichen Mantel der Oberflächlichkeit ablegen. Doch dafür müssen wir tiefer sehen. Dafür müssen wir in uns gehen. Wir müssen uns einlassen auf alles, was uns widerfährt. Wir müssen alles im Leben willkommen heißen. Nichts ist dazu da, uns als Menschen zu zerstören, sondern dafür, dass wir in unserem menschlichen Körper als Seele wachsen können. Es gilt zu wissen, dass wir immer und überall Seele sind. Eine Seele, die vorübergehend einen menschlichen Körper als Erfahrungsmöglichkeit bewohnt. Und damit wir das erkennen, benötigen wir in unserem Leben Prüfungen, Aufgaben und besondere Erfahrungen.

Wir müssen das Leben bejahen, auch wenn wir Angst haben zu sterben. Wir müssen Menschen aus unserem Leben gehen lassen, auch wenn wir diese über alles lieben. Wir müssen lächeln, auch wenn uns zum Weinen zumute ist. Wir müssen die Liebe finden, auch wenn überall nur Hass herrscht. Wir müssen nach der Perfektion streben, auch wenn unser Körper Schäden aufweist. Wir müssen spüren und fühlen, auch wenn wir die Verbindung verloren haben. Wir müssen das kleine Stückchen Glück im größten Elend erkennen. Und manchmal müssen wir erst körperlich sterben, um unsere eigene Seele wiederzufinden.

Trotz unserer Körperlichkeit müssen wir lernen, als Seelenwesen zu denken, zu fühlen und zu lieben.

Warum gibt es im Leben so viel Leid?

Der Mensch leidet, die Seele lernt.

Das Leben ist schwer, das Leben ist anstrengend. Es passiert so viel Schlechtes und du fragst dich: »Warum muss ich so viel Leid ertragen? Warum muss ich so viel Schmerz erleben?«

Doch zunächst musst du dich fragen: »Was ist Leid? Was ist Schmerz?« Es sind menschliche Empfindungen. Sie gehören nicht zur Seele. Die Seele empfindet zwar auch Leid und Schmerz, aber nur, wenn sie nicht gelebt, sondern vergessen und ignoriert wird.

Die Seele empfindet nicht im gleichen Moment wie der Mensch Leid und Schmerz, denn sie weiß um das Ziel.

Die Seele weiß, warum die Dinge so sind, wie sie sind. Sie hat vieles vorhergesehen, was uns widerfährt. Sie weiß, dass Leid und Schmerz unvermeidlich sind, um dem Seelenziel näherzukommen.

Leid und Schmerz sind notwendig, damit wir auf einen bestimmten Punkt aufmerksam werden.

Du als Mensch bist nur im Angesicht von Leid und Schmerz in der Lage, dich zu ändern. Positive Erfahrungen tun dir nur seelisch gut. Sie bestärken dich in deinem Selbst und zeigen dir, dass du genau da bist, wo du gerade sein sollst. Doch Leid und Schmerz müssen immer Teil deiner Entwicklung sein. Du brauchst diese

Erfahrungen, um über dich selbst hinauszuwachsen. Sie gehören zum Plan deiner Seele, damit du den nächsten Schritt auf dein Ziel zugehst. Sie sind nur Instrumente deiner Seele, deines eigenen Planes. Sie sind Mittel zum Zweck. Sie dienen deinem höheren Ziel. Sie dienen deinem Seelenheil.

Wenn jemand gestorben ist, den du geliebt hast, wenn du einen wichtigen Menschen für immer verabschieden musstest, dann ist dies Teil eines größeren Planes, es ist Teil seines Seelenplans. Seine Seele war bereit, dieses Leben zu verlassen. Entweder hatte die Seele bereits ihre Seelenaufgabe für dieses Leben erreicht, oder sie hatte sich zu weit von ihrem Seelenweg entfernt und das restliche Leben wäre sinnlos für sie gewesen. Auf jeden Fall hat sich die Seele dazu entschieden, zu gehen.

Der Tod war die Entscheidung der geliebten Seele.

Denke daran, dass niemand weiß, was richtig für andere Seelen ist. Du kennst die Ziele und Aufgaben deiner Mitmenschen ebenso wenig, wie diese die deinen kennen.

Manche Menschen sterben dennoch zu früh – zumindest aus menschlicher Sicht. Doch im Plan der Seele erfüllt ein früher Tod manchmal einen bestimmten Sinn und Zweck: Vielleicht sollst du, Seele, etwas aus der Erfahrung des Verlustes lernen, und die Seele des Verstorbenen hat dir den Weg geebnet, damit du, Seele, diese Erfahrung machen kannst.

Wenn Menschen bereits im Kindesalter sterben, mag dies nicht unbedingt dem Seelenwachstum des toten Kindes dienen, sondern dem Wachstum der geliebten Menschen, die um das verstorbene Kind trauern.

Zerbrich nicht an dem Schmerz und der Trauer. Dies ist weder das Ziel deiner Seele noch die Aufgabe der verstorbenen Seele. Behalte den Menschen in liebevoller Erinnerung, und danke ihm für die schöne gemeinsame Zeit. Deine Seele weiß, warum du die Erfahrung machen musstest und warum der Schmerz zu deinem Seelenplan gehört. Die Seele des Verstorbenen hat dir einen großen Dienst erwiesen: Sie hat dir Liebe gegeben und Raum zur Entwicklung. Sie hat dir seelische Hilfe geleistet, denn alles dient nur dem großen Plan. Nichts geschieht einfach so, besonders nicht der Tod eines geliebten Menschen. Alles hat seinen Grund, auch wenn wir Menschen ihn nicht verstehen können, auch wenn wir Menschen ihn nicht erfassen können.

Nicht das eine Leben ist wichtig, es ist die Entwicklung deiner vielen Leben, die für deine Seele zählt.

Fokussiere dich nicht zu sehr auf eine schmerzende Erfahrung in deinem Leben, auch wenn sie dich ganz hart trifft. Denn deine Seele lebt nicht nur von diesem einen schmerzhaften Moment – auch wenn du meinst, dass der Schmerz niemals vergeht. Deine Seele lebt von der Unendlichkeit an menschlichen Leben, an menschlichen Erfahrungen, an Liebe und an Leid. Deine Seele lebt ewig, und auch die Seele des verstorbenen Menschen lebt ewig in der Unendlichkeit.

Nicht das eine Leben mit dem Schmerz des Verlustes ist entscheidend für deine Seele und dadurch auch letztlich für dich. Wichtig ist die Entwicklung in vielen Leben, die für deine Seele zählt.

Der Verlust eines geliebten Menschen ist hart, aber im großen Plan deiner Seele ist es nur ein klitzekleiner Augenblick. Schmerz und Leid kommen, und Schmerz und Leid vergehen auch wieder. So, wie das Leben kommt und wieder geht. Nichts währt ewig, nur die Seele selbst hat Bestand. Nur die Seele selbst ist auf immer und ewig Teil des Lebens.

Entferne dich gefühlsmäßig von dem Verstorbenen, denn so kannst du die Dinge aus der Sicht deiner Seele sehen.

Praktische Übung:

Nimm dir einen Moment Zeit. Jetzt gleich. Lege das Buch aus den Händen, lehne dich zurück, und schließe deine Augen. Löse dich einen Augenblick von deiner menschlichen Bestimmung. Löse dich von den negativen Ereignissen in deinem bisherigen Leben. Schwinge dich hinauf in die Lüfte, werde ein Vogel, und betrachte alles, was geschehen ist, von oben. Betrachte dein Leben so, als wäre es nicht deines, sondern das Leben eines Fremden. Betrachte es wie einen Film, in dem du nicht mitspielst. Nimm dich emotional vollkommen aus dem Geschehenen heraus. Erkennst du nun die Zusammenhänge in deinem Leben? Was ging dem Leid voraus? Was folgte auf den Schmerz? Wer warst du davor, und wer bist du nun? Siehst du die notwendigen Veränderungen für deine ganz persönliche Entwicklung? Begreifst du die Notwendigkeit des Schmerzes, durch den du etwas ganz Bestimmtes verstanden, etwas Neues in dein Leben gelassen oder die nächste Stufe der Selbsterkenntnis bestiegen hast?

Seelen erfahren keine körperlichen Schmerzen, keine Probleme, keinen Frust. Sie verstehen den Grund und die Notwendigkeit der Dinge: Alles dient nur ihrem Wachstum.

Leiden kann nur der Mensch, nicht die Seele.

Nur der menschliche Körper kann Leid empfinden. Oft reden wir vom »seelischen Leid«, doch das Wort »Leid« hat viele verschiedene Verwendungen im menschlichen Leben. »Es tut mir leid«, sagt der Mensch, um sich zu entschuldigen oder um eine Schuld zurückzunehmen. Doch die Seele verschuldet nie, sie dient lediglich. »Leider« sagt der Mensch, wenn er etwas bedauert. Doch die Seele dauert ewig an, sie *be*dauert nicht. »Leiden« sagt der Mensch, wenn er von Krankheiten spricht. Doch erkranken tut der menschliche Körper, damit sich die Seele befreien kann.

Schmerzen können ebenfalls nur in einem Körper entstehen, denn dafür benötigen wir Nerven und Sinneszellen.

Du siehst, Leid und Schmerz gehören nicht zu deinen seelischen Anteilen, sondern sie sind verbunden mit deinem körperlichen Aspekt.

Leid und Schmerz gehören zum Körper des Menschen, damit die Seele wachsen kann.

Teil II
Das geheime
Wissen deiner Seele

Welches Wissen hat deine Seele?

Auch wenn du dein Leben dem Lernen widmest,
wirst du niemals alles wissen.

Deine Seele weiß alles. Einfach alles. Deine Seele weiß, warum du auf dieser Welt bist. Sie weiß, warum dein Partner hier ist und warum deine Kinder und Eltern hier sind. Deine Seele kennt jedes Geheimnis des Lebens. Sie weiß, warum eine Seele sich entschieden hat, scheinbar vorzeitig diese Welt zu verlassen. Sie weiß, warum es Leid und Schmerz in dieser Welt geben muss. Deine Seele weiß, welchen großen Plan die Menschheit für die Seelenwelt erfüllt. Sie weiß um das Geheimnis des Lebens. Sie weiß um das Geheimnis des Todes.

Die Seele weiß einfach alles, was es zu wissen gibt.

Seelen erfahren keine körperlichen Schmerzen, keine Probleme, keinen Frust. Sie verstehen den Grund und die Notwendigkeit der Dinge: Alles dient nur ihrem Wachstum. Wie ein unendliches Lexikon ist in ihr alles Wissen gespeichert. Sämtliche Informationen liegen ihr vor. Ich bin ebenfalls davon überzeugt, dass unsere Seele zum Beispiel ganz genau weiß, unter welchen scheinbar mysteriösen Umständen berühmte Persönlichkeiten aus dem Leben geschieden sind. Denn unsere Seele ist mit allem, was ist, verbunden. Sie ist von nichts getrennt.

Unsere Seele ist weise.

Im Moment unseres Todes erschließt sich uns dieses Wissen wieder zu hundert Prozent, denn wenn wir gestorben sind, sind wir nur noch Seele. Es gibt kein Menschsein mehr, es gibt keinen Körper mehr und keinen Verstand. Es existiert nur noch unsere Seele mit ihrem Wissen und Gewissen. Im Jenseits sind wir frei, frei von den Irrungen des Menschseins, frei von den Verwirrungen des Geistes, frei von allen Blockaden des Lebens. Wir sind wieder reine, pure Seele. Wir sind eins mit unserem Seelendasein.

Im Jenseits überblicken wir unser Leben. Wir verstehen, warum der Schmerz und das Leid notwendig waren und sehen es nicht mehr als Leid an. Wir sehen es nur noch als Notwendigkeit.

Leid hat nichts mit der Seele zu tun.

Wir ärgern uns vielleicht über unser Versagen, im vergangenen Leben einen notwendigen Schritt zum Lernen einer Aufgabe nicht vollzogen zu haben. Nun sehen wir die Einfachheit dieses kleinen Schrittes. Im Jenseits sehen wir alles klar und leicht. Nichts verwirrt mehr unseren Geist – alles ist logisch, klar und einfach.

Nur der Mensch macht sich das Leben schwer, kompliziert und unlösbar.

Im Jenseits erkennen wir sofort, worin wir versagt, an welchen Punkten wir unseren Seelenweg verlassen haben. Wir erkennen in dem Moment des Todes all unsere menschlichen Fehler. Fehler, die uns dazu geführt haben, meilenweit vom Seelenweg abzukommen und die nicht wieder zu korrigieren waren – zumindest nicht in dem vergangenen Leben. Fehler, die aus kurzfristigen Verwirrungen entstanden sind und uns unnötig Schmerz und Leid zugefügt haben. Fehler, die anderen Menschen massiv geschadet haben oder die nur Lappalien waren. All diese Fehler erkennen wir im Augenblick unseres körperlichen Todes.

Wir haben wieder das Wissen unserer Seele. Wir wissen um unsere Stärken und Schwächen. Wir wissen, was uns im letzten Leben gelungen ist und worin wir versagt haben. Nun wissen wir einfach alles.

Im Augenblick des Todes besitzt der Mensch das gesamte Wissen der Welt.

Im Jenseits würde die Seele des Menschen nun am liebsten sofort alle Fehler korrigieren, doch dies würde nichts nützen, denn sie würde wahrscheinlich dieselben Fehler im nächsten Leben wiederholen. Daher hat es keinen Sinn, sofort wieder auf der Erde zu inkarnieren. Die Fehler und das menschliche Versagen müssen aufgearbeitet und der Seelenplan verbessert werden. Die Verhältnisse müssen verschärft und die Lebensumstände angepasst werden. Das vergangene Leben hat nicht dazu geführt, die Aufgabe zu meistern, daher müssen die Umstände schärfer und schwieriger werden: Nur so lässt sich die Aufgabe im nächsten Leben wahrhaftig meistern.

Das nächste Leben wird nun besser vorbereitet. Nicht noch einmal möchte die Seele, dass du versagst. Nicht noch einmal möchte sie im Wachstum scheitern. Zu wichtig ist ihr dieses seelische Wachstum. Zu wichtig die neuen Erfahrungen. In aller Ruhe entsteht ein neuer Plan. In aller Ruhe werden neue Umstände gesucht, die am besten zum Lernen geeignet sind: Die richtige Zeit der Geburt wird gewählt und die geeigneten Eltern werden ausgesucht. Die Umstände des Lebens werden genauso vorherbestimmt wie die der Lebenspartner und der anderen Personen, die am zukünftigen Leben auf Erden teilhaben werden. Alles wird genauestens ausgesucht und festgelegt. Schließlich ist das neue Menschenleben kostbar und darf nicht erneut verschwendet werden. Waren jedoch bereits im letzten Leben die Umstände schwierig, so werden die Umstände im neuen Leben noch viel schwerer, denn ohne Schmerz und Leid kommt es zu keinerlei Entwicklung im Leben.

Ohne Schmerz und Leid bleibt die Seele dort, wo sie ist – ohne irgendeine neue Entwicklung.

Daher, lieber Mensch, jammere und hadere nicht mit deinem Leben, denn alles ist richtig, so, wie es ist. Das Leben gibt dir genau das, was du brauchst. Das Leben quält dich niemals unnötig, denn alles dient nur einem höheren Zweck. Alles dient nur deiner seelischen Entwicklung.

Leid, Schmerz, Probleme und Schwierigkeiten gibt es in Wirklichkeit nicht im endlosen Kreislauf der Seele zwischen Geburt, Leben, Tod und Jenseits.

Dies sind nur menschliche Erfindungen. Dies sind nur Irrungen deines Geistes. Dies ist nur eine Täuschung deines Verstandes, denn deine Seele kennt diese Empfindungen nicht.

Deine Seele weiß, wer du bist, wer du warst und wer du sein wirst. Deine Seele kennt deine geheimen Wünsche, deine Ängste, deine Gefühle. Sie weiß alles über dich, denn du bist deine Seele. Sie weiß, warum du geboren wurdest, warum du diese Eltern, warum du diesen einen Partner oder viele verschiedene oder warum du keinen hattest. Sie weiß, welches deine Aufgaben sind, und sie weiß, ob sie für dich richtig sind. Deine Seele weiß, wohin dich der Weg des Lebens führen wird – morgen, nächste Woche, nächsten Monat, nächstes Jahr oder in zehn Jahren. Deine Seele weiß um jeden Schritt, den du gemacht hast, und auch um die Schritte, die du hättest machen sollen, ohne sie gegangen zu sein.

Deine Seele kennt dein gesamtes jetziges Leben.

Deine Seele kennt auch deine Kinder und ihre Seelen. Sie weiß, warum du genau diese Kinder hast, denn deine Seele entwickelt sich an ihnen, so, wie sich auch ihre Seelen an dir entwickeln werden. Vor langer Zeit wurde dies beschlossen: Eure Seelen haben einen gemeinsamen Weg beschritten. Einen Weg, der euer beider Wachstum bewerkstelligen soll.

Deine Seele weiß, wann und wie dein Leben enden könnte: Welche Umstände zu einem vorzeitigen Tod führen, oder was du tun musst, um ein ganzes Menschenleben zu bekommen, um alt und weise einfach eines Tages einzuschlafen.

Vertraue deiner Seele dein Leben an. Vertraue ihr, denn sie hat das Wissen der Welt, des Jenseits und des Universums. Deine Seele hat viel, viel mehr Erfahrungen als du, Mensch, je in einem

Leben sammeln kannst. Deine Seele ist Experte im Leben: So viele Leben hat sie bereits gelebt, so vieles hat sie erfahren, so vieles hat sie geformt und bewegt.

Deine Seele weiß, was richtiges Leben ist.

Niemand sonst kann dies wissen. Weder du als Mensch noch deine Mitmenschen – aber du kannst es erfahren. Du musst nur dem geheimen Wissen deiner Seele lauschen, dich ganz auf deine Seele einlassen, ihr blind dein Dasein anvertrauen. Du musst erkennen, dass deine Seele, solange du als Mensch atmest, nur diesem einen Leben dient. Deine Seele braucht nicht zwingend hunderte Leben, ihr würde auch nur dieses eine Leben für dich genügen. Doch wenn du deine wertvollen Seelenerfahrungen in diesem Leben nicht machst, dann ist deine Seele bereit, hundert neue Leben zu leben, so lange, bis du es endlich geschafft hast.

Nimm dieses eine Leben, das du derzeit hast, und lebe es mit all deinen Sinnen. Vergeude es nicht, denn es ist dein wertvollster Schatz. Dieses Leben ist deine Möglichkeit, die eigene Seele zu leben. Du kannst dich hier und jetzt, in diesem Augenblick, mit deiner Seele verbinden. Du kannst dieses eine Leben für seine eigentliche Bestimmung nutzen:

Übergib das Steuer für dieses Leben deiner Seele und lasse deinen menschlichen Körper ihr Vehikel und ihre Ausdrucksmöglichkeit sein.

Praktische Übung, um sich mit der Seele zu verbinden:

Sorge für Ruhe, setze dich bequem hin, oder lege dich mit dem Rücken flach auf den Boden. Schließe die Augen, und atme ruhig ein und aus. Blende deine Umgebung völlig aus, und fühle nur in deinen Körper hinein. Wenn Gedanken aufkommen, lasse sie sogleich weiterziehen. Halte sie nicht fest. Wenn es dir schwerfällt, dich auf dein Innerstes zu konzentrieren, dann achte auf dein Ein- und Ausatmen. Folge einfach deinem Atem. Wenn du ganz ruhig und entspannt bist, stelle dir ein helles Licht vor. Dieses Licht entsteht in dir. Es ist das Licht deiner Seele. Lasse den Lichtschein größer und stärker werden, bis dein gesamter Körper von dem Licht durchdrungen und deine Aura von diesem Licht erfüllt ist. Halte dieses Licht, solange du möchtest. Spüre die Wärme, den Frieden, die Heilung und die Liebe deiner Seele. Wenn das Licht schwächer wird oder du bereit bist, ins Hier und Jetzt zurückzukehren, komme langsam wieder zu dir. Öffne die Augen, und atme ruhig weiter ein und aus. Bleibe noch eine Weile in der Entspannung.

Was wird sich durch das Wissen deiner Seele ändern?

Wenn du das geheime Wissen kennst,
dann ändert sich alles in deinem Leben.

Es ist ein unerfreulicher Umstand, dass der Mensch im Augenblick seiner Geburt sein gesamtes Wissen verliert, dass er ohne seine Erfahrungen und ohne seine Weisheit auf diese Welt kommt, dass er jedes Mal bei null beginnen muss. Dieser Umstand ist unerfreulich, aber notwendig. Notwendig, weil wir die Erfahrungen sonst nicht neu machen könnten, sie aber nur so lernen können.

Wenn wir an der Stelle weitermachen könnten, an der wir beim letzten Leben versagt haben, dann würden wir die Lektion nie komplett verstehen.

Es ist wie beim Lernen einer Fremdsprache: Wir können nicht einfach die alten Lektionen vergessen und mit der nächsten beginnen. Wir müssen immer wieder das Gelernte wiederholen, um es zu verinnerlichen. Damit es sich uns zu hundert Prozent einprägt. Damit Rillen und Furchen auf unserem Lebensblatt entstehen, die nie wieder gelöscht werden können. Daher müssen wir die Erfahrungen so lange von Beginn an machen, bis sie ein fester Bestandteil unseres Selbst werden, sie sich tief in unser Seelendasein eingraben und wir sie nicht mehr ändern können. Erst dann haben wir die Lektion wirklich verstanden und erfahren. Erst dann ist die Aufgabe gemeistert, und wir können uns anderen Aufgaben widmen. Erst dann können wir die nächste Stufe des Seelenwachstums angehen.

Das Wissen unserer Seele ist immer da, es ist immer in uns vorhanden, denn wir sind unsere Seele. Doch unser menschlicher Geist lässt sich verwirren. Er wird von vielen verschiedenen Dingen des menschlichen Daseins abgelenkt.

Unser modernes Leben ist kompliziert. Es ist schwierig, und alles Mögliche sorgt für Verwirrung. Die modernen Medien – egal, ob

Radio, Fernsehen, Computer, Spielekonsole oder Smartphone – sorgen für jede Menge Ablenkungen und für Störungen an unserem Selbst, sodass wir das Wesentliche im Leben nicht sehen, hören und verstehen. Es ist schwer, in dieser lauten, hektischen Welt die Stimme unserer Seele zu hören, sich auf die eigene Seele zu konzentrieren. Für viele Menschen wird dies sogar zu einer Unmöglichkeit. Dabei wäre es so einfach und auch so leicht:

Denn das gesamte Wissen deiner Seele steckt in dir und wartet nur darauf, erfahren zu werden.

Wenn du dich dazu entschließt, dich auf deine Seele zu konzentrieren, und wenn es dir gelingt, ihr Wissen zu entziffern, dann wird sich dein Leben für immer wandeln. Nichts wird mehr so sein wie zuvor: Du wirst nicht mehr die Person sein, die du warst, denn nun bist du auf der Suche. Du bist auf der Suche nach deinem Selbst, auf der Suche nach deiner Seele, auf der Suche nach deiner Seelenenergie. Ich weiß dies, denn sonst würdest du dich nicht mit diesen Dingen beschäftigen, sondern wie Tausende, Abertausende oder Millionen anderer Menschen dein Dasein fristen – ohne die Möglichkeit auf Erlösung. Auf Erlösung von der »Dummheit« des Menschseins.

Denn der Mensch ist dumm angesichts des enormen Wissens, das er tief in seinem Inneren brachliegen lässt.

Er ist dumm, wenn er lieber in seiner Unwissenheit lebt, als an den Umständen etwas zu ändern. Dabei wäre dies so einfach: Er müsste sich nur des Wissens seiner Seele bedienen. Er müsste nur seiner Seele lauschen und ihr voll und ganz vertrauen.

Ich weiß, lieber Leser, du brennst darauf zu erfahren, wie du an das Wissen deiner Seele gelangen kannst. Aber glaube mir, zunächst ist es wichtig, dass du verstehst, wie sich dein Leben plötzlich ändern wird, wenn du dieses Wissen bekommst.

Du, lieber Mensch, wirst dann viel mehr Seele sein. Du wirst nicht mehr nur ein Mensch sein. Du wirst anders sein, als deine Umgebung dich bisher kannte. Menschen, die dich wahrhaftig lieben, werden dies verstehen. Aber Menschen, die dies nur vorgeben, werden es niemals verstehen. Sie wollen es nicht verstehen, denn du bist nicht mehr Teil der Masse.

Wenn du das Wissen deiner Seele hast, musst du akzeptieren, dass du nun anders bist als die meisten anderen Menschen.

Du wirst niemals wieder so leichtsinnig und unbeschwert sein können wie zuvor, denn du bist nun mehr Seele als Mensch – und Seelen sind anders als Menschen. Seelen lieben andere Seelen, und Seelen lieben Menschen. Seelen lieben wahrhaftig. Seele zu sein bedeutet, die Gefühle des anderen zu achten und niemals etwas zu tun, was dem anderen schadet. Seele zu sein bedeutet, die Erwartungen des anderen über die eigenen Erwartungen zu stellen und den anderen wichtiger zu nehmen als sich selbst.

Es wird Menschen geben, die dich nicht mehr verstehen. Sie sind genauso, wie du warst: Sie missachten die Ideale, weil sie immer noch unwissend sind. Und auch wenn du versuchst, es ihnen zu erklären, werden sie es nicht verstehen, denn nicht jeder ist bereit, auf seine Seele zu hören und sein Ego hintanzustellen. Sogar Menschen, die dir wichtig waren, können sich von dir entfernen. Dessen musst du dir bewusst sein. Sage nicht, ich hätte dich nicht gewarnt. Doch wisse auch, dass diese Menschen dich nicht verdient haben. Sie haben es nicht verdient, dass du ihnen nachtrauerst, sie sind deine Tränen nicht wert.

Das Wissen deiner Seele wird dich und deine Welt für immer verändern.

Dies ist eine Tatsache, und auch wenn du mir jetzt nicht glaubst, wird sich dies dennoch erfüllen. Doch habe keine Angst davor, denn das Wissen deiner Seele wird dir eine Welt eröffnen, in der sich alles fügt. Sie wird dir eine Welt eröffnen, die nur für dich da ist. Probleme, Leid und Schmerz werden weniger und in vielen Aspekten des Lebens sogar ganz verschwinden. Dein Leben wird sich fügen, denn du wirst deinem Seelenplan für immer folgen. Doch obwohl es so leicht ist, weigern sich die meisten Menschen, diesen Weg zu gehen. Daher überlege dir gut, ob du diesen Schritt wagen willst, denn danach wirst du nie mehr Teil der großen Masse sein. Du wirst du selbst sein. Du wirst deine Seele sein und diese leben.

Vielleicht versuchst du nun zu argumentieren, dass doch beides möglich sein muss: gleichzeitig Seele *und* Mensch zu sein. Schließlich sind wir beides – wir sind Seelen mit einem menschlichen Körper. Doch du musst verstehen, dass du mit dem Wissen deiner Seele nicht mehr so leben kannst wie zuvor. Das ist einfach nicht möglich. Dieses Wissen wird dir die Augen öffnen für eine Welt hinter deiner Welt. Es wird dir zeigen, dass es tiefere Bereiche im Leben gibt, als du oberflächlich sehen kannst. Wenn du liest, wirst du die Worte zwischen den Zeilen verstehen, und wenn du zuhörst, die Worte wahrnehmen, die nicht ausgesprochen werden. Du wirst Dinge sehen, die überhaupt nicht sichtbar sind. Die für einen Menschen allein gar nicht greifbar sind. Du wirst dann viele Geheimnisse der Welt verstehen.

Durch das Leben als Seele öffnen sich Bewusstseinszentren, die deinen feinstofflichen Körper verändern.

Dadurch siehst du besser, du hörst mehr und du fühlst ganz anders. Alle deine Chakren, Neben- und Hauptchakren, werden sich aktivieren. Deine Energieschwingung verändert sich. Sie wird ruhiger, sie ist im Gleichklang. Deine Aura wird klarer und dichter. Das Ganze lässt sich mit dem Fahrradfahren vergleichen: Du fährst nicht mehr im ersten Gang durch dein Leben, sondern in höheren Gängen. Dadurch kommst du schneller und einfacher an dein Ziel. Du musst nicht mehr so viel strampeln und zusätzliche Energie verbrauchen wie zuvor. Vieles rollt ab jetzt einfach dahin. Du besitzt nun ein Fahrrad mit mehr Gängen, doch die Menschen, die dich bisher begleitet haben, fahren immer noch im ersten Gang. Daher ist die Strecke für deine Mitmenschen viel kraftaufwendiger und anstrengender als für dich – vor allem, wenn sie versuchen, mit dir mitzuhalten. Das Tempo, welches du nun ohne

Mühe schaffst, erschöpft sie schnell. Irgendwann gehen ihnen die Kraft und die Lust aus, und du wirst ihnen davonfahren. Du fährst immer weiter, aber du wirst nicht mehr so viele bekannte Menschen um dich herum haben. Doch lasse dich nicht, wie so viele andere Menschen, entmutigen. Bremse nicht ab, und werde nicht wieder langsamer. Mit höheren Gängen zu fahren macht im ersten Moment einsam, doch dieser Effekt ändert sich. Du wirst neue Menschen kennenlernen, die ebenfalls mit höheren Gängen fahren, und du wirst lernen, dich auf dein neues Umfeld einzulassen. Doch sei dir bewusst, dass du einige Menschen für immer aus den Augen verlieren wirst, denn nun passt euer Tempo nicht mehr zusammen. Sie suchen sich lieber jemanden mit dem gleichen Tempo, anstatt sich neben dir abzuquälen.

Wenn du dich veränderst, können dies viele Menschen nicht verstehen.

Du darfst dies nicht persönlich nehmen, denn es liegt nicht an dir als Person, sondern an den nun verschiedenen Lebenseinstellungen. Du musst akzeptieren, dass uns nicht alle Menschen ein Leben lang begleiten. Es kommen Menschen in unser Leben, und dann gehen sie auch wieder. Manche trifft man nach Jahren wieder, andere sieht man nie mehr. Doch all diese Menschen verlassen dich nicht, weil du nun nicht mehr liebenswert bist, sondern weil sie dich in Liebe deiner Wege ziehen lassen. Ihr legt nun einfach nicht mehr dieselben Wege zurück und wenn doch, dann nicht mehr in derselben Geschwindigkeit. Die anderen würden dich nur blockieren. Sie würden dich aufhalten – deshalb lassen sie dich gehen.

Es wird Veränderungen in deinem Umfeld geben. Du kannst sie nicht aufhalten. Du musst sie akzeptieren, denn unser aller Leben besteht nur aus Veränderungen – sträube dich nicht.

Wisse, wer du bist, wer du sein kannst und wer du sein willst.

Wie kommst du an das Wissen deiner Seele heran?

Wer suchet, der findet – doch manchmal verhält es sich auch umgekehrt.

Das Wissen deiner Seele ist tief in dir verankert, auch wenn du es noch nicht erreichen kannst. Unter vielen Schichten liegt es in dir verborgen. Verborgen unter dem Ballast deines bisherigen Lebens. Verborgen unter Ängsten und Sorgen. Verborgen unter vielen Dingen, die dich geformt haben – allerdings in die falsche Richtung. Verborgen unter den Wünschen deiner Eltern, den Widersprüchen deines Verstandes und unter der Maske deines Selbst.

Bei manchen Menschen ist das Wissen an einigen Stellen weniger tief versteckt. Ihnen gelingt es leichter, an das Wissen heranzukommen. Bei anderen Menschen hingegen schlummert das gesamte Wissen tief in ihnen, so tief, dass sie nicht einmal wissen, dass es dieses Wissen gibt.

Menschen, die sich weniger verstellen, weniger das Leben nach den Vorstellungen und Wünschen anderer leben mussten, kommen einfacher an das Wissen ihrer Seele heran.

Es ist nicht entscheidend, ob du leicht an dein Wissen gelangst oder nicht. Gräme dich nicht wegen des Ballastes, unter dem es versteckt ist, denn offensichtlich hast du diesen Ballast gebraucht, um gewisse Erkenntnisse zu bekommen. Wichtig ist, dass du dich entschieden hast, dieses Wissen aus deiner Tiefe hervorzuholen – und wenn es notwendig ist, gräbst du eben etwas tiefer als andere. Du hast endlich zu graben angefangen, und dabei ist weder die Art noch die Dauer ausschlaggebend.

Menschen, die sich intensiv mit Spiritualität befassen, kommen ebenfalls leichter an das Wissen heran. Dennoch kann jeder die Stimme seiner Seele vernehmen und damit an das Wissen in seinem Inneren gelangen.

Auch du kannst die Stimme deiner Seele hören. Gehe tief in dein Inneres hinein, und lege alle Schichten deines Selbstschutzes ab, so, als würdest du dicke Kleidung im Winter in einem warmen Raum Stück für Stück ablegen. Pelle dich, schäle dich. Entferne alles, was nicht wirklich du bist. Und dann höre tief in dein Inneres hinein.

Praktische Übung:
Nimm dir Zeit, sorge für Ruhe, und setze dich bequem an einen Tisch. Lege einen Stift und ein Arbeitsheft bereit. Dieses Arbeitsheft

wird dir helfen, das Wissen deiner Seele zu finden, und damit deine kostbare Seelenenergie. An diese Energie kommst du nur, wenn du im Einklang mit deiner Seele lebst. Präge dir folgende Fragen ein, oder notiere sie in deinem Seelenbuch:

Wie heißt du, Seele?
Wer bist du, Seele?
Was ist deine Lebensaufgabe, Seele?

Lege die Hände auf deine Oberschenkel. Schließe deine Augen, und vergiss deine Umgebung. Atme tief ein und aus. Denke dabei an nichts, sondern konzentriere dich nur auf deine Atmung. Atme ein und langsam wieder aus. Spüre den Atem durch deinen gesamten Körper fließen. Atme dich frei. Atme den Alltag weg, deine Sorgen, Ängste und Erwartungen. Sei nur noch Körper, Seele und Atmung.

Wenn du diesen Zustand erreicht hast und alles andere ausblenden konntest, dann öffne langsam deine Augen. Nimm den Stift in die Hand, und fange an zu schreiben. Schreibe deinen Namen. Schreibe, wer du bist – ohne darüber nachzudenken. Ohne zu beachten, was du auf dem Papier notierst. Egal, wie lang der Eintrag auf die zweite Frage wird, schreibe einfach, was immer dir in den Sinn kommt, aber ohne zu überlegen. Wenn dir zu der Frage keine Antworten mehr kommen, wende dich der dritten Frage zu. Antworte auch hier, solange du das Bedürfnis hast, zu schreiben – und auch in diesem Fall, ohne darüber nachzudenken und ohne das Geschriebene zu beurteilen. Sollten dir bei der dritten Frage keinerlei inspirierende Antworten kommen, dann wiederhole noch einmal die Atemübung, und beantworte danach die dritte Frage.

Erst wenn du alles beantwortet hast und kein Fluss mehr zum Schreiben vorhanden ist, erst dann lies in Ruhe, was du geschrieben hast. Du wirst erstaunt sein: Nicht du als Mensch mit deinem Verstand hast geschrieben, sondern deine Seele hat sich offenbart.

Du kannst diese Übung öfters durchführen, denn deine Seelenaufgaben verändern sich mit der Zeit. Auch wird es dir durch eine ständige Wiederholung leichter fallen, in eine Einheit mit deiner Seele zu gelangen. Mit der Zeit kannst du auch andere Fragen stellen und von deiner Seele beantworten lassen. Zum Beispiel:

Warum ist etwas Bestimmtes passiert?
Warum muss ich diese Erfahrung machen?
Was soll ich aus einer bestimmten Situation lernen?
Wozu muss ich diesen Schmerz erfahren?

Beschreibe und definiere die Fragen möglichst genau und präzise. Umso genauer wird deine Seele antworten.

Wenn du im Leben auf Unangenehmes triffst, dann überlege nicht lange, warum dies geschieht, sondern beantworte ganz spontan aus dem Bauch heraus das »Warum«. Atme einmal kurz ein, und die Stimme deiner Seele wird in deinem inneren Ohr ertönen. Hinterfrage sie nicht, sondern nimm die Antwort einfach an.

Manchmal können wir die Antworten mit unserem Verstand nicht richtig erfassen, aber unsere Seele weiß, warum sie diese Antwort in der Form gegeben hat.

Denn schließlich darfst du nicht vergessen, dass deine Seele einfach alles weiß.

Lerne daher, deinen Verstand immer mal wieder auszuschalten. Lerne, alles loszulassen, sodass nur du selbst zurückbleibst. Je öfter du alles abstreifst, desto einfacher wird es dir gelingen, an das Wissen deiner Seele zu gelangen.

Denke daran, dass der Verstand dich eher verwirrt, deine Ängste hervorruft und dir Sorgen bereitet.

Im Alltag wird es dir schwerer fallen, deinen Verstand zu kontrollieren, aber dennoch solltest du es immer wieder versuchen. Wenn du lernst, deinen Verstand zu kontrollieren und ihn nur einzuschalten, wenn du ihn bei einer bestimmten Tätigkeit benötigst, dann wirst du dich frei und losgelöst fühlen. Frei von deinen Problemen und Sorgen, die nur in deinem Verstand existieren, die in Wirklichkeit nicht präsent sind – es sei denn, du wirst genau in diesem Augenblick von einem wilden Löwen attackiert. Dann hast du tatsächlich ein Problem. Doch wenn dein Leben gerade nicht körperlich bedroht wird, dann hast du auch keine Probleme und es besteht kein Grund, sich Sorgen zu machen.

Lerne, anstatt zu grübeln, lieber zu handeln.

Dies bringt dir wesentlich mehr und ist effektiver, als sich ständig nur Gedanken zu machen. Wenn du beispielsweise finanzielle Sorgen hast, dann mache einen Plan. Schreibe die Ursache deiner finanziellen Schwierigkeiten auf, und suche nach einer Lösung. Frage dich: Welche Ausgaben kann ich reduzieren? Welche neuen Einnahmemöglichkeiten habe ich? Nur so kannst du deine Geldsorgen hinter dir lassen, aber nicht, wenn du dasitzt und dich gedanklich im Kreis bewegst.

Praktische Übung zum Stummschalten des Verstandes:

Nimm dir nur ein paar Minuten Zeit. Setze dich gemütlich hin. Suche dir irgendeinen interessanten Gegenstand in deiner Nähe. Betrachte und erforsche ihn mit deinen Augen. Sieh dir jedes noch so kleine Detail in aller Ruhe an. Beschreibe den Gegenstand während der Übung nicht in Gedanken, sondern nimm alles nur über deine Augen wahr. Konzentriere dich völlig auf ihn. Blende alles andere aus. Sieh die Schönheit des Gegenstandes, die Einzigartigkeit. Beobachte jede Rille, jede Furche, jeden Verlauf. Sieh dir sämtliche Farbschattierungen an. Tauche ein in diesen einen Gegenstand.

Wenn du den Gegenstand mit deinen Augen komplett erfasst hast, dann schließe die Augen, und lasse ihn vor deinen inneren Augen entstehen. Erinnere dich an jedes kleine Detail. Male ihn gedanklich. Solltest du künstlerisch begabt sein, kannst du ihn auch gerne tatsächlich malen – aber auch hier, ohne den Gegenstand noch einmal anzusehen. Es genügt aber auch, den Gegenstand vor deinem inneren Auge entstehen zu lassen. Male ihn mit deinen Gedanken. Erschaffe ihn erneut, und erwecke ihn zum Leben. Wenn er in all seiner Pracht vor deinem inneren Auge entstanden ist, dann öffne die Augen, und sieh dir noch einmal den Gegenstand an. Hast du irgendetwas vergessen, oder war deine gedankliche Kopie perfekt?

Während der Übung hast du an nichts anderes gedacht als an den Gegenstand. Dein Verstand war mit all seinen Gedanken ausgeschaltet. Du hast in diesem Moment keine Probleme gewälzt, keine Sorgen gehabt und keinen Trübsinn geblasen. Während der Übung gab es nur dich und den Gegenstand. Wie hast du dich gefühlt? Frei und losgelöst? So solltest du dich immer fühlen, denn solange kein fauchender Löwe vor dir steht, oder ein wütender Elefant, hast du auch kein Problem!

Mache die Übung mehrmals täglich, mache sie immer dann, wenn dir bewusst wird, dass du dich wieder einmal gedanklich im Kreis drehst und immer wieder dasselbe in deinem Kopf auftaucht.

Befreie dich von deinem Verstand, denn er ist der »Standpunkt« des Menschen. Aus deinem Kopf meldet sich nicht deine Seele. Das bist nicht du, das ist nur dein menschliches Ich. Deine Seele hingegen ist überall in deinem Körper. Sie steckt in jeder Zelle, sie ist überall in dir. Daher musst du in dein gesamtes Sein hineinhorchen, jede Zelle deines Körpers spüren, dir deiner Vollständigkeit bewusst sein – dann wirst du die Stimme deiner Seele hören.

Der Mensch denkt immer nur in Teilen, die Seele erfasst die Gesamtheit.

Dein Verstand ist nur ein kleiner Teil von dem, was du bist. Du würdest auch nicht sagen: »Ich bin meine Hand, der Rest bin ich nicht«. Nein, seelisch musst du dich ganz erfassen. Doch du als Mensch lebst in Trennungen. Der Mensch trennt einfach alles. Er meint, die Welt bestünde aus vielen Einzelteilen, und auch er sei bloß ein Teil der Welt. Doch die Welt ist ein Ganzes. Es gibt nur eine Welt. Sie lässt sich zwar gedanklich zerlegen, aber Trennungen vollzieht nur der Mensch. Der Mensch teilt alles ein – zum Beispiel die Zeit und den Raum. Durch Uhren hat er den Augenblick geteilt von allem, was ist. Für ihn gibt es Jahrhunderte, Jahrzehnte, Jahre, Monate, Wochen, Tage, Stunden, Minuten und Sekunden. Dabei es gibt immer nur den Augenblick – es gibt nur das Sein. Der Mensch hat eine Landkarte erstellt mit Kontinenten, Ländern, Städten, Orten, Straßen und Häusern. Er hat Koordinaten eingefügt, sodass unsere Welt aus lauter Vierecken besteht. Er hat die Himmelsrichtungen festgelegt, den Äquator als Mitte benannt und alles eingeteilt. Doch für dich als Seele gibt es nur das Hier. Dein Leben geschieht immer nur in Verbindung mit deiner Seele.

Der Mensch kann teilen, soviel er will, doch es gibt immer nur ein Sein.

Lerne die Gesamtheit kennen: Es gibt nur das eine Ganze auf der Welt. Es gibt nur die Einheit.

Gelange in diese Einheit, und sieh dich selbst als eins. Nur wenn du dich als Gesamtes begreifst, öffnet sich dir deine Seelenwelt. Nur wenn du alles, was um dich herum geschieht, als Ganzes aufnimmst, siehst, hörst, fühlst du wirklich.

Du als Mensch hast viele Zellen im Körper – das ist die menschliche Teilung. Doch jede Zelle reagiert auf die Umgebung – das ist die seelische Aktion. Nur wenn alle Zellen gemeinsam agieren, bist du ein Ganzes. Eine einzelne Körperzelle von dir kann nicht alleine existieren, ihr Leben besteht nur im Verbund mit allen anderen Körperzellen. Gemeinsam sind sie eins – ein Mensch.

Verstehe die Sprache deiner Seele

Je lauter etwas spricht, desto geringer ist sein Gewicht.

Wenn du gerade Schwierigkeiten hast und nicht weißt, wie du die Situation ertragen sollst, dann denke immer daran, dass diese unangenehme Situation nicht ohne Grund entstanden ist, dass sie Teil deiner Lebensaufgabe ist, dass sie deinem Seelenwachstum dient und dich auf deinem Weg vorwärtsbringt.

Unangenehme Situationen sollen dir helfen, nicht schaden – auch wenn dein Verstand dir etwas anderes sagt!

Lerne, solche Situationen als Herausforderungen zu sehen. Wachse an ihnen, und sei stolz, wenn du sie gemeistert hast, denn:

Jedes Meistern ist ein Sieg!

Kümmere dich nicht um deine Niederlagen, sondern kümmere dich nur um deine Erfolge! Sei stolz auf jeden noch so kleinen Schritt, denn jeder einzelne ist es wert, gegangen zu werden.

Auch mit vielen kleinen Schritten kann man weit entfernte Ziele erreichen.

Jeder muss diese Schritte in seinem Leben gehen. Jeder Mensch muss sich sein Ziel Schritt für Schritt erarbeiten und keiner kann seine Herausforderungen überspringen. Auch du musst diese meistern. Würdest du sie auslassen, würde das Leben auf den ersten Blick zwar einfacher erscheinen, aber du würdest dich nicht entwickeln und nicht auf deinem Lebensweg vorwärtskommen. Somit wäre das Leben nicht einfacher, sondern im Gegenteil, es wäre viel schwerer, weil du dich nur auf der Stelle bewegen würdest. Stillstand ist für das menschliche Leben hinderlich.

Natürlich, wenn du eine schöne Lebensphase hast, möchtest du, dass sie ewig währt. Doch irgendwann wäre sie nicht mehr schön, da sie nicht mehr besonders, sondern völlig normal für dich wäre. Um nun sagen zu können: »Das ist aber schön«, brauchtest du eine Steigerung. Etwas müsste nun »wunderschön« sein, um dich zu beeindrucken. Und das darauffolgende Mal wäre eine weitere Steigerung notwendig, und so weiter. Daher würde dir der Stillstand auch in guten Phasen nichts bringen. Und was wäre, wenn du gerade eine schlechte Phase in deinem Leben hast? Wer möchte ewig in ihr verweilen? Du etwa? Ich denke nicht. Daher profitieren wir alle vom Fortschritt – vom Fortkommen. »Fort-Schritt« bedeutet, dass du Schritt für Schritt von etwas fortschreitest, was gerade ist, dass du Schritt für Schritt durch dein Leben gehst.

Freue dich auf neue Herausforderungen, denn nichts ist im Leben hinderlicher als Stillstand.

Deine Seele liebt Herausforderungen. Sie braucht sie jeden Tag. Sie liebt es, wenn du dich beweist, wenn du kämpfst, wenn du voller Kraft, Stärke und Vertrauen durch dein menschliches Leben gehst. Folge ihr, und höre ganz genau auf ihre Stimme.

Die Seele spricht zu dem Menschen – die ganze Zeit. Doch nur selten hört oder achtet er auf sie. Als er ein kleines Kind war, hat er sie viel besser verstanden, denn er war von dem Zustand einer reinen Seele noch nicht so weit entfernt. Dort, wo er hergekommen ist, gab es keine Menschen, keinen Verstand – nur Seelen. Daher war er seiner Seele noch viel näher und hat ihr vertraut. Doch mit zunehmendem Alter ist dieses Vertrauen verschwunden. Er lernte, sich auf seine Umgebung zu verlassen, auf seinen Verstand zu hören – und dabei wurde die Stimme seiner Seele immer leiser.

Ein Beispiel: Kinder spüren oft instinktiv, welche Erwachsenen ihnen wohlgesinnt sind und welche sie ablehnen. Doch oft werden sie von ihren Eltern beeinflusst, die ihnen sagen, dass sie sich dies nur einbilden würden, und nun fangen die Kinder an, nicht mehr so stark auf ihre feinfühligen Antennen zu achten.

Viele Geheimnisse hast du als Kind gewusst.

Instinktiv hast du dich an das Wissen deiner Seele erinnert. Du hast deiner Seele damals noch blind vertraut.

Praktische Übung:
Nimm dein Seelenbuch zur Hand, sorge für Ruhe und Ungestörtheit. Schreibe als Überschrift auf eine neue Seite: »Erinnerungen an

meine Kindheit«. Versuche, dich dabei an verschiedene Abschnitte zu erinnern: als kleines Kind (vor der Schulzeit), von sechs bis zehn Jahren und von elf bis fünfzehn Jahren. Beantworte die folgenden Fragen zu jeder dieser Lebensphasen. Wann warst du wirklich frei und ungezwungen? In welcher Altersphase hat sich dies geändert und warum? Was ist damals passiert?

Erinnere dich, werde zu dem Kind, das du damals warst: Wie war deine Einstellung zum Tod? Deine Einstellung zur Angst? Deine Einstellung zu deinem begonnenen Leben? Welche Vorstellungen hattest du damals? Welche Erwartungen hast du an das Leben gestellt? Welche Ziele hattest du vor deinen inneren Augen?

Denke zurück, und du wirst erkennen, dass du damals viel authentischer und völlig frei von Sorgen warst, dass der Tod dir keine Angst bereitet hat, sondern Teil deines Lebens war.

Kleine Kinder sind reine Seelen ohne Masken und ohne Schutzschichten.

Sie sind sie selbst. Erst wenn sie heranwachsen, werden sie wie ihre Eltern, Großeltern, ihre Umgebung und hüllen sich in Sorgen, Ängste und Befürchtungen – Schicht für Schicht.

Kleine Kinder sind neugierig und wollen die Welt erkunden. Sie denken nicht lange über die möglichen Folgen nach. Sie möchten einfach alles über ihre Umgebung lernen. Doch mit jedem Lernen entfernen sie sich von ihrem authentischen Sein.

**Der Preis des menschlichen Lebens ist meist
der Verlust der Seelenverbindung.**

Der Verlust ihrer Einzigartigkeit. Der Verlust ihres wahren Seins.

Je älter du wirst, desto mehr Schichten überlagern deinen Seelenkern und desto tiefer musst du graben, um zu dir selbst zurückzufinden.

**Du musst die eigene Schutzschicht durchbrechen,
um deine Seele zu verstehen.**

Fange an zu graben, sonst wirst du deine Seele kaum hören. Fange an, all deine Schichten abzulegen und wieder du selbst zu werden, sonst kann deine Seele noch so laut schreien, du wirst sie
weiterhin ignorieren.

Praktische Übung zum Verstehen der Seele:
*Erinnere dich an deine vergangene Woche, gehe sie in Gedanken
durch. Was war gut, was war fürchterlich? Passierte etwas, was du
überhaupt nicht wolltest? Hast du dich verstellen oder verbiegen
müssen? Hast du jemandem etwas vorgespielt oder Dinge getan,
die dir widerstrebten? Hast du dich danach gut gefühlt?*

*Nein? Warum hast du dich dann verstellt, nicht dein wahres Gesicht
gezeigt, nicht deine inneren geheimen Wünsche und Vorstellungen
gelebt? Hätten es die anderen nicht verstanden, nicht akzeptiert,
hätten sie mit dir diskutiert? Hätten sie versucht, dich vom Gegenteil zu überzeugen? Hast du dich verstellt, damit die anderen dich*

weiterhin mögen und lieben? Hast du die Dinge, die du nicht ma-
chen wolltest, wegen der anderen getan?

Ja? Dann hast du entgegen deiner Seele gehandelt, dann hast du
dich über die Bedürfnisse deiner Seele hinweggesetzt. Du hast sie
verleugnet. Du hast ihr nicht richtig zugehört.

Immer, wenn du etwas nicht willst, handelst du gegen dein Inneres, gegen deine Seele.

Immer, wenn sich dir sprichwörtlich »die Haare aufstellen«, über-gehst du die Wünsche und Bedürfnisse deiner Seele: Instinktiv weißt du genau, was du willst bzw. was deine Seele will. Du weißt genau, was du brauchst und was deinen Seelenwünschen ent-spricht. Doch du ignorierst dieses Wissen absichtlich. Du igno-rierst es, weil du lieber auf deine Umgebung hörst.

Deine Seele kümmert es nicht, was sich gehört und was nicht. Deine Seele kümmert es nicht, was andere von dir erwarten.

Deine Seele interessiert sich nur für deine eigenen Anliegen, niemals für die der anderen.

Denn dafür bist du hier. Hier auf dieser Welt. Hier auf unserer Erde. Dafür bist du ein Mensch.

Doch falls du jetzt meinst, dass das Leben im Sinne deiner Seele bedeutet, auf den Interessen deiner Mitmenschen herumzutram-peln, dann irrst du dich! Denn auch wenn deine Seele nur deine

Interessen vertritt, wird sie diese niemals auf Kosten anderer Seelen durchsetzen. Merke dir: Seelendasein ist Liebe zu allen anderen Wesen in der reinsten Form.

Seelendasein ist pure, authentische Liebe. Sie ist die einzige wahre Liebe, die es auf Erden gibt.

Jede Seele liebt, es sind die Menschen, die hassen. Es sind die Menschen, die anderen Schaden und Schmerzen zufügen. Seelen sind dazu nicht fähig. Niemals. Sie sind immer gut und immer liebevoll.

Ein bösartiger Mensch lebt nicht seine Seele. Er ignoriert seine Seele völlig, denn er hat die Verbindung zu ihr so gut wie verloren.

Boshaftigkeit, Herrschsucht, Ignoranz, Wut und Hass entstehen erst im Laufe unseres Lebens. Sie entstehen durch unsere negativen menschlichen Erfahrungen, durch unsere Umgebung, unsere Prägungen und unser Umfeld. Babys haben solche Eigenschaften nicht. Sie sind rein. Sie sind nur sie selbst.

Menschen, die am Ende ihres Lebens angekommen sind oder die aufgrund schwerer Krankheit auf den Tod warten, sind ebenfalls wieder mehr Seele als zeit ihres Lebens. Wenn sie dies akzeptiert haben, versuchen sie, gelebte Fehler zu korrigieren. Beispielsweise entschuldigen sie sich bei ihren nächsten Angehörigen und sagen: »Wenn ich dich wissentlich oder unwissentlich verletzt haben sollte, dann tut mir dies leid. Ich wollte das nicht.« Dadurch, dass der Körper meist nicht mehr so aktiv sein kann, zieht sich die Energie immer mehr aus dem Körper in die Seele zurück. Die Seele bekommt, bildlich gesprochen, wieder mehr Gewicht im Leben, und der Verstand und der Körper reduzieren sich energetisch. Die Energie des Daseins nimmt stetig ab. Der körperliche Verfall schreitet rücksichtslos voran. Die Schichten des Lebens fallen nach und nach ab und geben den Seelenkern frei. Kurz vor ihrem Tod sind diese Menschen wieder mehr Seele. Sie verlieren all ihre Wut, ihren Hass und Ärger, und werden zu reinen Seelen.

Im Angesicht des Todes streift die Seele ihren Körper ab und bereitet sich auf das reine Seelendasein vor.

Die hohe Kunst ist es aber, schon während des Lebens selbst, seelisch rein und weise zu sein. Daher werden wir immer wieder vor Herausforderungen gestellt und geprüft, ob wir unserer Seele treu ergeben sind, ob wir unsere Seele achten und ehren oder ob wir sie ignorieren und vergessen. Deine Seele testet dich. Sie testet dich jeden Tag aufs Neue.

**Jeden Tag kannst du beweisen,
dass du mehr Seele als Mensch bist.**

Denn dies ist wahre Menschlichkeit. Eine Menschlichkeit, die frei ist von Neid, Wut, Hass, Ärger, Missgunst – denn diese Gefühle kennt die Seele nicht.

Reines Seelendasein ist eigentlich nicht schwer, aber die wenigsten Menschen im jungen Erwachsenenalter hinterfragen ihr Leben, ihr Dasein und ihre Existenz. Einige von ihnen beginnen, wenn sie älter werden und Kinder bekommen, zwar doch noch damit, sich Gedanken über ihr Leben zu machen, doch es gibt immer noch genug Menschen, die dies niemals in ihrem Leben tun. Aber welchen Sinn hat dann dieses Leben? Ich denke, Freude am Leben haben diese Menschen nicht. Wie auch? Schließlich vergeuden sie ihr Leben, denn der Zweck ihres Daseins wird von ihnen nicht erkannt und verstanden.

Höre daher hin, wenn deine Seele zu dir spricht. Höre hin, wenn sie dir sagt, was richtig und was falsch ist. Lausche ihren kurzen Anweisungen, und lerne, nach ihnen zu leben. Achte immer darauf, was sie von dir will. Du bist nun in der Lage, ihre Stimme zu hören. Ich habe dir ein paar Übungen gezeigt, und je öfter du diese wiederholst, desto deutlicher wirst du die Stimme deiner Seele vernehmen. Wenn dir das gelingt, wenn du deinem Seelenweg folgst, wirst du ein traumhaftes Dasein, ein wunderschönes Leben haben.

Wenn du auf deine Seele hörst, lebst du deinen Seelentraum!

Anfangs wird es dir schwerfallen, aber mit der Zeit wirst du genau wissen, wann deine Seele zu dir spricht.

Danke deiner Seele für die kleinen »Zufälle« im Leben.

Achte auf die kleinen Zeichen des Schicksals, und freue dich über jede noch so kleine Fügung.

Doch du wirst die Zeichen deiner Seele niemals auf einem Silbertablett präsentiert und niemals einen Brief mit der Unterschrift »Hier spricht deine Seele« bekommen. Ihre Stimme ist immer leise und eher symbolisch. Sie ist versehen mit Hinweisen und Andeutungen. Sie ist manchmal wie ein Puzzle, bei dem man erst testen muss, welches Teil das richtige ist. Du musst anfänglich ziemliche Geduldsarbeit leisten, wenn du deine Seele verstehen willst.

Alles, was laut, deutlich und einfach ist, kommt niemals von deiner Seele.

Dein Verstand ist laut und dein Körper ist laut. Deine Seele hingegen ist wie ein Hauch, ein Geheimnis. Und genauso ist die Sprache deiner Seele: Sie ist geheimnisvoll, verborgen und am Anfang voller Rätsel für dich.

Doch mit der Zeit wirst du deine Seele immer besser verstehen. Dies kommt natürlich nicht von selbst. Du musst an dir arbeiten, du musst die Übungen, die ich dir erklärt habe, wiederholen, du musst dich auf dein Innerstes konzentrieren. Dann wirst du wissen, was deine Seele meint und sagt. Du wirst Meister im Verstehen ihrer Sprache werden. Denn deine Seele, das bist du.

Höre hin, lausche, und sei offen. Den Forderungen der Seele blind zu vertrauen, kostet zunächst sicherlich große Überwindung, denn du musst dich auf etwas ganz Neues einlassen. Du musst dich trauen, neue Wege zu gehen. Wege, deren Ende du nicht kennst. Aber wisse, dass deine Seele immer die richtigen Entscheidungen für dein Leben treffen wird. Folge ihrem Weg!

Deine Seele gibt dir alle Wege vor, aber du, Mensch, musst lernen, ihr zu vertrauen!

Die Zeichen deiner Seele sind zwar klein, fein und dezent, aber sie sind immer da, und du kannst lernen, diese Zeichen wahrzunehmen.

Praktische Übung zum Verstehen der Sprache deiner Seele:
Lerne, deine Welt offen zu betrachten, und laufe nicht wie mit Scheuklappen umher. Werde dir der Art deiner Gedanken und Gefühle bewusst. Was beschäftigt dich? Welches Problem oder welche Frage beherrscht gerade dein Dasein? Schreibe es auf, und notiere es möglichst genau in deinem Seelenbuch. Danach gehe offen durch die Welt. Sieh dich um, und notiere alles, was zu deinem derzeitigen Thema passt.

Ein Beispiel: Dein derzeitiges Thema ist die Frage, ob du dich selbstständig machen oder ob du weiter im Angestelltenverhältnis arbeiten sollst. Nun gehst du offen durch die Welt und achtest auf die kleinen Begebenheiten. Vielleicht erzählt dir ein Bekannter von einem Freund, der ein eigenes Geschäft gegründet hat. Oder du siehst eine Werbeanzeige in der S-Bahn zu einer Firmengründung. Vielleicht siehst du in einer Fernsehsendung über ein völlig anderes Thema, einen Teilnehmer, der in einem Nebensatz seine geplante Selbstständigkeit erwähnt. Egal, ob im Radio, in einem Buch, in der Zeitung, im Café, im Restaurant, im Kino, auf dem Markt, beim Einkaufen, im Urlaub – egal, wo du dich aufhältst, es wird überall kleine Zeichen zu deinem Thema geben. Bisher hast du sie nur nicht bewusst wahrgenommen, aber nun beobachtest du deine Umgebung genau und notierst alles, was zu deinem konkreten Thema passt. So sammelst du das Für und Wider deiner Seele.

Sammle alle Informationen, auch die, die nur scheinbar zufällig zu deinem Thema passen, in deinem Seelenbuch. Mache dies bei wichtigen Entscheidungen zwei bis vier Wochen lang. Anschließend schaue nach, was überwiegt: Das Ja oder das Nein? Bei kleineren Fragen reicht es hingegen, nur ein paar Tage die Augen und Ohren offen zu halten. Dies kannst du mit jeder noch so großen oder kleinen Frage in deinem Leben machen. Du wirst feststellen: Je offener du deine Umwelt betrachtest, desto mehr Antworten wird deine Seele dir offenbaren.

Wenn du lernst, auf deine Seele zu hören, wird sie dir mit Rat und Tat zur Seite stehen.

Sie ist gerne bereit, mit dir zu sprechen, doch du darfst sie nicht überhören. Deine Seele ist ein sehr sensibler Teil von dir, beachtest du sie nicht, wird sie sich zurück in dein Innerstes ziehen und hinter unzähligen Schichten verbergen. Schichten, die immer höher und mit jedem »Ich hör dich nicht« zu Mauern werden. Mauern, die irgendwann so schwer zu durchdringen sind, dass du nicht einmal mehr weißt, dass es dahinter deine Seele gibt. Dann musst du Stein für Stein abtragen und viel Mühe auf dich nehmen, um zu dir selbst zurückzufinden. Das willst du doch sicher nicht? Du möchtest lieber den einfacheren Weg gehen. Den Weg, der dir Leid und Schmerz erspart. Du möchtest nicht immer wieder auf den richtigen Weg aufmerksam gemacht werden, denn jeder Hinweis darauf ist wie ein kleiner Schlag. Ignorierst du deine Seele, wird sie sich stärker bemerkbar machen. Irgendwann bekommst du keine kleinen Anstupser mehr, sondern Ohrfeigen, dann Schläge und schließlich massive Tritte. Auch wenn dies natürlich alles bildlich gemeint ist, wird die Kraft der Gegenwehr deiner Seele angesichts deiner Ignoranz immer weiter zunehmen – so lange, bis du deine Seele nicht mehr ignorieren kannst. Daher achte am besten gleich auf ihre Stimme. Vertraue der Weisheit deiner Seele – vertraue auf dich selbst.

Dein Seelenweg

*Der einzige Pfad, der leicht für dich ist,
ist der Seelenweg deines Lebens.*

Jeder Mensch muss seinem vorgegebenen Weg im Leben folgen. Es ist unser Seelenweg. Wir können ihm direkt oder über Umwege folgen, doch folgen müssen wir ihm. Wenn wir dies nicht tun, werden wir ziellos umherirren und uns dabei verlieren.

**Je weiter wir von unserem Weg abkommen,
desto tiefer werden wir uns verlaufen.**

Manchmal werden wir uns endgültig verirren, und dann gelingt es uns nicht mehr, zu unserem Weg zurückzufinden und im Leben voranzuschreiten. Dann haben wir dieses Leben verwirkt, und alle Möglichkeiten und Chancen, die uns das Leben zu bieten hatte, vorüberziehen lassen.

Was für ein Verlust! Was für eine Verschwendung! Lebe, liebe und genieße das Leben so, wie es ist. Folge deinem Weg, folge deinem

Plan, denn du, Seele, hast diesen Weg einst gewählt. Du wolltest dich diesen Herausforderungen stellen und diese Prüfungen bestehen. Du wolltest dein Leben genau so haben, wie es ist.

Deine Seele ist nicht grausam, sie ist nur bestimmend.

Deine Seele weiß, was sie will, und sie erwartet von dir als Mensch hundertprozentigen Gehorsam. Sie erwartet von dir, dass du ihr vertraust. Sie weiß nämlich, was das Beste für dich ist. Nur sie weiß dies, nicht deine Eltern, deine Geschwister, Verwandten, Bekannten, Freunde, Partner oder deine Kinder. Nur du und deine Seele wissen, was dein Weg ist.

Folge niemandem, außer dir selbst. Wenn du das Gefühl hast, dass etwas nicht richtig für dich ist, dann folge lieber deinem Gefühl. Folge nicht dem Außen, den anderen, denn sie wissen nur das von dir, was du ihnen sagst. Sie kennen dich nicht. Nur du und deine Seele kennen dich. Niemand anderes kennt deine Bestimmung, niemand anderes kennt deinen Weg, kennt deine Aufgabe.

Folge und vertraue nur deinem Inneren, deiner Seele.

Deine Seele ist dein bester Freund, sie ist dein Schutzschild, sie ist dein Fels in der Brandung. Du kannst dich immer auf sie verlassen, doch die wenigsten Menschen folgen ihrem Rat, weswegen so viel Negatives im Leben passiert. Du weißt, wie es geht, wie du auf deine Seele hören kannst, daher gehöre nicht zu jenen Menschen, sondern vertraue deiner Seele und lebe dein geplantes Leben. Dann wird sich alles richtig und stimmig anfühlen.

Deine Seele ist dein Führer durch das Labyrinth des Lebens.

Warum hast du so viel Angst, diesen Weg zu gehen? Warum lässt du dich so sehr von deinem Außen, von deiner Umwelt beeinflussen? Warum hast du nicht das Selbstbewusstsein, zu wissen, was richtig für dich ist?

Denke an die vielen Rillen, die in deiner Kindheit deiner Seele eingeprägt wurden. Denke an die Kerben, denke an die Narben. Sie haben dich verändert, sie haben jemand anderen aus dir gemacht, als du in Wirklichkeit bist. Doch du bist du. Du bist einzigartig. Du bist perfekt.

Mache dir immer wieder bewusst: Du bist das Beste, was der Welt passieren konnte.

Wenn du etwas Bestimmtes willst, dann tue es, denn es ist dein Leben: Lebe dein persönliches Leben. Du lebst es nicht für andere. Du lebst es nicht für deine Eltern oder für deinen Partner. Du lebst es nur für dich. Lebe und liebe! Seelen achten auf andere, aber auch auf sich selbst.

Menschen, die seelisch leben, sind wundervolle Menschen: Sie leben ihr Seelenleben.

Schade keinem anderen Menschen, denn du weißt bereits, dass dies niemals im Sinne deiner Seele ist. Doch verstehe dies nicht falsch: Schaden meint nicht, jemanden in deiner Familie oder deinem Freundeskreis zu verärgern, weil du etwas entgegen seinem Rat tust. Schaden meint hier körperlichen oder seelischen Schmerz. Sei für andere da, so, wie du auch für dich selbst da bist.

In diesem Leben geht es nur um die Erfüllung deiner seelischen Aufgaben.

Es geht nur darum, deinem einzigartigen Weg zu folgen. Ich weiß, dass du das kannst: Für dich ist kein Weg zu weit und kein Weg zu schwer. Es ist dein Weg, dein Lebensziel, deine Lebensaufgabe. Jeder Weg ist anders, jeder Weg ist eine Herausforderung.

Der Weg ist gerade und direkt, aber kein Mensch schafft es, dem Weg in einer geraden Linie zu folgen.

Jeder Mensch geht seinen Weg in Schlangenlinien, denn es gibt viele Stolpersteine – auch in deinem Leben. Umgehe sie, aber versuche, möglichst auf deinem Weg zu bleiben und ihm treu und ergeben zu folgen. Lasse dich nicht ablenken, denn wenn du zu weit von deinem Weg abkommst, werden dich viele Hindernisse an der Rückkehr hindern. Je weiter du dich entfernst, desto mehr Steine, Brocken und Felsen wirst du überwinden müssen, um zurückzufinden – und irgendwann wird dir ein ganzes Gebirge den Weg versperren.

Dieses zu überwinden, ist schwer, und die Gefahr eines Absturzes groß. Daher versuche mit aller Kraft, dich auf deinem Weg zu halten, indem du der Stimme deiner Seele folgst – sie wird dich führen und dir sagen, wo es langgeht. Sie zeigt dir immer den direkten Weg und führt dich nicht über Umwege. Sie möchte dein Ziel so schnell wie möglich erreichen.

Deine Seele möchte unnütze Energieverschwendungen vermeiden.

Denn nun weißt du, dass sie dein Ziel und deine Bestimmung kennt. Du weißt, dass du ihr bloß vertrauen und folgen musst.

Tu deiner Seele nur diesen einen einzigen Gefallen, und die Welt wird dir zu Füßen liegen!

Keiner deiner Mitmenschen kann dir sagen, was richtig oder falsch ist, denn das, was für dich richtig oder falsch ist, kann bei einem anderen Menschen genau das Gegenteil sein. Keiner kann dich führen und dir deinen Weg zeigen. Keiner kann dich an die Hand nehmen. Keinem kannst du einfach blind folgen.

Du kannst dich zwar von anderen inspirieren lassen, aber wenn du ihnen nur alles nachmachst, wirst du deinen Weg verlassen. Du wirst den Weg deiner Mitmenschen gehen, doch das ist nicht dein Weg. Du hast einen eigenen Weg und dieser ist wundervoll. Er ist für dich geschaffen, er ist dein Traumpfad, er ist deine Bestimmung. Er ist dein Weg ins Paradies.

Das Leben ist nicht immer nur schwer, es ist auch voller Wunder und schöner Überraschungen.

Akzeptiere deinen Weg, denn er ist deine Bestimmung. Du kannst deine Bestimmung niemals verleugnen – sonst verleugnest du dich selbst.

Warum jammern viele Menschen, dass alles so schwer ist? Ist das Leben wirklich »so schwer«? Oder machen es sich diese Menschen nur schwer? Was haben die Menschen in der westlichen Welt für Probleme? Wenn du gesund bist, geliebt wirst und ein Dach über den Kopf hast, was willst du mehr? Brauchst du Reichtum und Prestige? Brauchst du das, um zu überleben? Nein, ich denke, du brauchst nichts dergleichen, du wünschst dir so etwas vielleicht, aber brauchen tust du es nicht. Was willst du vom Luxus? Was soll er dir geben? Er gibt dir nichts Wesentliches. Natürlich brauchen wir etwas Geld, aber wir benötigen es nicht im Überfluss. Man kann sich das Leben durch Geld zwar angenehmer gestalten, aber wirklich brauchen tun wir es nicht. Die wenigsten Menschen befriedigt es, denn Geld allein macht nicht glücklich – es macht nur süchtig. Viele Menschen ärgern sich ihr ganzes Leben über ihre finanzielle Situation, obwohl es ihnen in Wirklichkeit sehr gut geht.

Deine Seele braucht keinen Luxus und sie braucht kein Prestige. Sie verfolgt viel einfachere Ziele.

Deine Seele will Liebe, Liebe und nichts als Liebe.

Und auch du, Mensch, willst geliebt werden. Du wünschst dir nichts anderes als unendliche Liebe. Dafür tust du alles. Dafür willst du das viele Geld, weil du meinst, es mache liebenswert, weil du meinst, dafür geliebt zu werden. Doch richtige und wahrhaftige Liebe ist nicht käuflich. Mit keinem Geld der Welt kann man sie kaufen – denn Liebe kommt aus der Tiefe deiner Seele.

Wahre Liebe ist seelischer Natur. Sie ist unsere Inspiration, unser Weg und unser wahres Wesen. Liebe, das sind wir.

Du bist auf dem richtigen Weg, wenn du die Liebe lebst. Wenn du dich selbst erkennst und auf das Eigentliche im Leben einlässt. Strebe nicht nach materiellen Gütern, sondern strebe nach dir selbst, nach deiner Seele und nach deiner eigenen Liebe, denn das bist du. Du bist unendliche Liebe – du musst es nur zulassen. Du bist göttlich, auch wenn du dir dessen nicht bewusst bist. Du bist der Schatz dieser Welt. Du brauchst keinen Überfluss an materiellen Gütern, denn wenn du deine Seele lebst, bist du dir selbst genug.

Menschen, die seelisch leben, empfinden niemals einen Mangel. Sie sind reich, denn sie haben von allem, was wichtig ist, genug.

Folge den Vorgaben deiner Seele, folge deinem Lebensziel. Denn das Erkennen deines eigenen Selbst ist mehr als genug. Du musst niemandem etwas beweisen. Weder anderen noch dir selbst. Du musst nur dein Leben verstehen. Du musst nur erkennen, was es bedeutet, zu leben und was deine Seele von dir will: Und das ist Liebe. Liebe dein Leben, deine Mitmenschen, deine Seele und deinen Weg, egal, wohin er dich führt. Vertraue dich deiner Bestimmung an. Lasse dich treiben im Fluss deines Seins. Ergib dich der Strömung deines Lebens. Alles ist gut. Alles ist so, wie es sein soll. Alles ist so, wie es sein muss.

Überlege und hinterfrage nichts, denn alles ergibt einen großen Sinn. Gib dich hin, und lasse dich treiben. Überlege und hinterfrage nichts, denn alles ist so, wie es für dich sein soll. Du magst einen bestimmten Lebenstraum verfolgen, doch deine Seele hat ihren eigenen Traum. Und ich muss dich erinnern:

Deine Seele hat immer recht!

Wie erkennst du deinen Seelenweg?

Vertrauen ins Leben führt dich um Klippen und Felsen.

Jeden Tag begegnen uns Herausforderungen. Manche sind schwerer als andere und manche zwingen uns in die Knie, doch es ist unsere Aufgabe, wieder aufzustehen und weiterzugehen.

Je nachdem, wie hoch wir einst als Seele unsere Ziele gesetzt haben, sind die Steine und Felsen, die unseren Weg pflastern, extrem anstrengend für uns. Manchmal haben wir Angst, an diesen Herausforderungen zu zerbrechen, an ihnen zu scheitern. Doch genau das sind die wichtigen Entscheidungen unseres Lebens. Die Seele interessiert sich nicht für die Kleinigkeiten unseres Lebens, ob wir beispielsweise lieber den roten oder den blauen Pullover kaufen sollten. Diese haben nichts mit dem Seelenweg zu tun. Dies sind rein menschliche Entscheidungen. Nein, die Seele fordert uns enorm heraus und stellt uns vor wirklich schwere Aufgaben. Sie verlangt alles von uns: Sie testet uns bis in die tiefsten Bereiche unseres Selbst und zwingt uns zu einer Entscheidung. Sie testet unser Vertrauen in uns selbst. Sie erwartet von uns, dass wir immer wissen, was sie will, und dass wir uns richtig entscheiden. Schließlich haben wir es selbst so vorgegeben. Es war unser Wunsch, diesen Weg zu gehen. Nun dürfen wir nicht hadern, denn dies ist nur unsere menschliche Schwäche – doch wir müssen unserer seelischen Stärke folgen! Unser Seelenweg liegt klar und deutlich vor uns. Er beginnt an genau der Stelle, wo wir gerade stehen. Wir müssen uns nur trauen, den nächsten Schritt nach vorne zu machen.

Gehe niemals zurück, denn dort findest du nicht deinen Weg.

Wenn du deinen Seelenweg verlassen hast, dann ist er rechts oder links von dir, aber niemals liegt er hinter dir. Das ist deine Vergangenheit, doch du bist jetzt in der Gegenwart. Dein Weg ist immer vor oder neben dir, die Tendenz geht immer nach vorne. Daher musst du dich immer nur in diese Richtungen orientieren, wenn du einmal deinen Weg verloren hast. Denke an die Veränderungen, die Teil deines und jedes anderen Menschenlebens sind. Im Leben hat nur eine Sache Bestand: die Veränderung. Vergangenes ist vorbei und kommt in der Konstellation nie wieder. Vielleicht gibt es ähnliche Situationen, aber niemals die gleichen. Wenn die Jahre vorüberziehen, ändert sich vieles im Leben.

Wenn du auf einem fremden Weg gelandet bist, dann gehe ihn nicht weiter: Er ist nicht Teil deines Lebens und nicht Teil deines Planes. Er ist falsch für dich und wäre nur beschwerlich, wenn du ihm folgen würdest.

Wenn der Weg immer nur anstrengender wird und niemals leichter, dann ist es nicht dein Weg!

Wisse aber, dass deine Seele dich immer auch ein wenig testet, ob du es wirklich ernst meinst. Daher gib nicht gleich bei der allerersten Schwierigkeit auf, sondern strenge dich an. Wenn jedoch aus einem ebenen Spazierweg plötzlich ein steiler Trampelpfad wird, dessen Verlauf nicht mehr klar erkennbar ist, weil immer mehr Steine, Hölzer oder Felsen den Weg bedecken, dann ist dies ein äußerst deutlicher Hinweis, dass du falsch liegst mit deiner Entscheidung. Wenn dein Weg zu einer Klettertour mit gefährlichen Tiefen wird, dann ist es höchste Zeit, den falschen Weg zu verlassen, bevor du wirklich in die Tiefe stürzt.

Ein Beispiel: Wenn du beschließt, in eine für dich falsche Stadt zu ziehen, dann zeigt dir das deine Seele, indem vieles nicht so klappt, wie du es dir vorgestellt hast: Du findest vielleicht nicht die passende Wohnung, die Umzugsfirma ist zu teuer oder hat an dem Wochenende keine Zeit, es klappt nicht mit einer Arbeitsstelle, die dir Freude bereitet usw.

Deine Seele sagt nicht einfach: »Dein Weg ist falsch!«, sondern sie spricht symbolisch zu dir.

Dennoch sind Hürden auf deinem Weg normal, denn überall im Leben gibt es Hindernisse und Steine. Sie sind der Test deiner Seele, ob du wirklich bereit bist, eine neue Lektion zu lernen. Ob du bereit bist, die Meisterschaft in einer neuen Disziplin anzutreten.

Gehe offenen Auges und Herzens durch das Leben und du wirst erkennen, auf welchem Weg du dich befindest.

Du wirst erkennen, wo dein Ziel liegt, ob dein Weg vor oder neben dir liegt. Doch egal, ob du dich bereits auf deinem Weg befindest oder ob du ihn nur in weiter Ferne ganz klein erkennen kannst: Gehe einfach los! Wenn du offen durch das Leben gehst, wirst du deinen richtigen Weg auf jeden Fall finden.

Dein Weg ist immer mit dir verbunden: Du musst ihn nur spüren, fühlen und ihm folgen.

Der Mensch sollte immer mit allen Sinnen durchs Leben wandeln. Nur so kann er erkennen, wem er auf die Füße tritt, wen er behindert oder sogar verletzt. Der Mensch sollte niemals gedankenlos seinem Weg folgen, denn er ist nicht allein auf der Welt. Andere Menschen kreuzen seinen Weg, und auch sie haben ein Recht, ihren Weg zu gehen, auch wenn er nicht in dieselbe Richtung verläuft.

Bevor du etwas sagst oder tust, überlege dir die Konsequenzen für dich und andere.

Sei nicht rücksichtslos, denn das ist deiner Seele nicht würdig. Das ist deiner selbst nicht würdig, denn du bist eine großartige Seele. Es entspricht nicht deiner Göttlichkeit, andere zu verletzen. Es entspricht nicht deiner wahren Natur.

Mache dir noch einmal bewusst, dass alles, was du tust, eine Reaktion im Leben hervorruft, daher sprich, schreibe und handle niemals gedankenlos. So wie du, Mensch, an deine Gefühle und Empfindungen denkst, so denke auch an die der anderen. Auch andere haben gewisse Vorstellungen, Meinungen und vor allem Gefühle – und diese müssen sich nicht mit den deinen decken.

Kein Mensch hat das Recht, über andere zu entscheiden, zu verfügen oder zu urteilen.

Denn jeder Mensch hat einen anderen Weg, und jeder Weg ist einzigartig. Keiner gleicht dem anderen. Viele Wege überschneiden sich, aber sie folgen niemals dem gleichen Pfad. Deine Seele weiß das, nur du als Mensch bist manchmal zu blind und denkst manchmal zu sehr an dich selbst. Doch deine Mitmenschen sind ein Teil von dir. Sie sind Teil deines Lebens, denn sonst würdest du sie nicht kennen und wärst ihnen niemals begegnet.

Jeder Mensch, der deinen Weg kreuzt, hat eine Bedeutung in deinem Leben. Der eine mehr, der andere weniger, aber dennoch ist jeder ein Teil deines Seelenwegs.

Alle deine Mitmenschen sind seelisch mit dir verbunden. Sie gehören zu dir, wie auch dein Körper ein wichtiger Teil deines Lebens ist. Diesen würdest du ebenfalls nicht absichtlich verletzen, daher tue dies auch nicht anderen Menschen an. Der Mensch dir gegenüber ist nicht mehr und nicht weniger wert als du. Er hat die gleichen Bedingungen im Leben – egal, wer von euch reicher oder erfolgreicher ist. Er ist auf diese Welt gekommen, um sich seelisch zu entwickeln, wie auch du dich entwickeln sollst. Schade ihm nicht, und wenn du es doch einmal getan hast, dann sorge für einen Ausgleich, um keine Schuld anzuhäufen. Sonst schadest du nur dir selbst.

Anderen Menschen zu schaden, ob absichtlich oder nicht, ist niemals Teil deiner Lebensaufgabe.

Sei niemals berechnend, sei niemals egoistisch, sei niemals zerstörend. Belüge und betrüge andere nicht, denn sonst wirst du eines Tages selbst betrogen und belogen werden. Vielleicht wird es ein paar Jahre dauern, aber dieser Weg war nicht Teil deiner Seele und irgendwann wirst du dies zu spüren bekommen.

Übervorteile andere nicht, denn auch dies ist nicht die Aufgabe einer Seele. Behandle deine Mitmenschen so, wie du behandelt werden willst. Richte dein Handeln niemals nur nach deinem Vorteil aus, denn wenn du meinst, lediglich einem anderen dadurch zu schaden und nicht dir selbst, wirst du eines Tages erkennen, dass du in eine Sackgasse gelaufen bist und auch dir geschadet hast.

Wenn du, liebe Seele, dich immer an deine seelischen Gesetze hältst, aber feststellen musst, dass deine Mitmenschen sich nicht daran halten, dann verzweifle nicht. Es ist für dich nicht wichtig, was die anderen tun. Für dein Leben ist nur dein eigenes, persönliches Handeln ausschlaggebend.

Wenn andere Fehler machen, sind dies nicht deine Fehler. Sie schaden dir daher auch nicht – zumindest nicht im seelischen Sinne. Wenn andere Menschen Schlechtes tun, dann sind sie schlechte Menschen, nicht du bist es.

Denke, sprich und handle stets weise. Dann bist du immer auf dem richtigen Pfad. Dann bist du immer auf deinem Seelenweg.

Dein Lebensweg bedeutet niemals, besser oder stärker zu sein als andere, und auch nicht, reicher oder klüger zu sein. Dein Lebensweg ist, du selbst zu sein. Du selbst, ohne Schatten, Masken oder Täuschungen.

Sei und lebe danach, wer und was du wahrhaftig bist. Das ist deine Bestimmung. Das ist deine Aufgabe.

Wenn du das Gefühl hast, dass dein Leben nicht so verläuft, wie es sollte, wenn du das Gefühl hast, irgendetwas laufe falsch, dann musst du dir Gedanken machen – über dich selbst, über dein Innerstes und darüber, wer du bist. Dann ist es an der Zeit, das bisherige Leben zu rekapitulieren und einen Schlussstrich darunter zu ziehen. Du brauchst einen Neuanfang, einen sogenannten Reset. Doch wirf nicht gleich alles weg. Nicht alles, was in deinem Leben passiert ist, musst du ändern – aber sicherlich wesentliche Bereiche. Und bedenke auch, dass deine Mitmenschen nicht schuld an deinem falschen Weg sind. Du bist den falschen Weg gegangen. Auch wenn der andere dich dazu aufgefordert hat, bist du diesen Weg gegangen, nicht er. Daher kannst du die ganze Verantwortung nicht anderen Menschen in die Schuhe schieben: Du hattest immer die Wahl. Du hast dich falsch entschieden und falsch beeinflussen lassen. Du bist derjenige, der den Fehler begangen hat. Vielleicht meinte es der andere auch nur gut mit dir und hat dich unabsichtlich falsch beeinflusst. Oder vielleicht wurde auch er falsch beeinflusst und eine ganze Generation folgt bereits dem falschen Weg. Doch das ist unerheblich, denn du bist ein eigenständiger Mensch. Als Kind musstest du dich fügen, aber als Erwachsener bist du für dich selbst verantwortlich. Nun kannst du frei entscheiden – auch wenn du es niemals gelernt hast, kannst du es tun.

Praktische Übung:

Nimm dein Seelenbuch zur Hand. Sorge für Ruhe und Ungestört-heit. Ziehe auf einer neuen Seite zwei Spalten. In die erste Spalte notierst du, was für dich richtig im Leben verläuft, in die zweite, was entgegen deinen Wünschen geschieht. Schreibe wirklich alles auf – ohne viel darüber nachzudenken. Notiere alles zu den The-men Beruf, Partnerschaft und Familie, Freundschaft, Freizeit, Fi-nanzen, Gesundheit, Lebensglück etc. Beziehe dich einfach auf alle Bereiche deines Lebens. Wenn du alles aufgeschrieben und für dich eingeteilt hast, vergleiche die Anzahl der Punkte in beiden Spalten. Wo überwiegen die positiven und wo die negativen Aspekte? Sind in einem Bereich mehr negative Aspekte, dann hast du wohl in die-sen Bereichen deinen Lebensweg verlassen. Auf diese Weise kannst du erkennen, in welchen Lebensbereichen es gut verläuft und in welchen Handlungsbedarf für dich besteht.

Dein Lebensweg selbst kann sehr unterschiedlich verlaufen: Er kann in bestimmten Lebensbereichen gut und einfach, normal, oder schwierig und kompliziert sein. Wenn dir ein Bereich be-sondere Schwierigkeiten bereitet, muss dies nicht zwangsläufig so weiter gehen. Es muss nicht bedeuten, dass du deinen Seelen-weg verlassen hast. Manchmal ist ein Bereich schwierig, um ge-wisse Voraussetzungen für den weiteren Lebensweg zu schaffen.

Auf alle Fälle ist es wichtig, die Lebensbereiche, die in deinem Leben nicht optimal verlaufen oder sich nicht mit deinen Vorstellungen decken, besonders genau zu betrachten und zu reflektieren. Dies kann dir weiteres Leid ersparen und lässt dich viel über dich selbst erfahren.

Es ist nie zu spät, deinen Weg zu suchen.
Es ist nie zu spät, den eigenen Weg zu gehen.

Alles im Leben ist möglich. Alles im Leben ist machbar. Es ist nur deine eigene menschliche Begrenztheit, die dich daran hindert.

Wo ein Wille ist, da ist ein Weg.

Diesen Satz hast du sicher schon oft gehört, doch es ist ein weiser Satz: Es liegt nur an dir selbst, ob du dich von den Umständen an etwas hindern lässt. Es liegt nur an dir selbst, ob dir dieses oder jenes nicht passt. Wenn du etwas wahrhaftig willst, dann kannst du es schaffen. Deine Seele wird dich bei allem, was zu dir gehört, unterstützen. Sie wird es fördern und dir deinen Weg zeigen. Du weißt nun, dass du ihr vertrauen kannst, doch die Schritte dafür musst du, Mensch, selbst gehen. Denn deine Seele braucht deinen Körper, um sich hier auf Erden auszudrücken. Dein Körper muss mit seinen Füßen die notwendigen Schritte gehen.

Die Seele gibt den Weg zwar vor,
aber es ist der Mensch, der ihn gehen muss.

Teil III
Dein Seelenplan

Wie bereits beschrieben, bestimmen wir weit im Vorfeld, unter welchen Umständen wir diese Welt betreten, und suchen uns Ort, Eltern und die Bedingungen aus. Wir denken sogar über alternative Möglichkeiten nach, wie wir zu unserer Bestimmung zurückfinden können, wenn wir uns seelisch verirrt haben.

So steht es in den berühmten Palmblättern[3] und in den »Himmelsbüchern«, der sogenannten Akasha-Chronik[4]. Wir legen unseren Seelenweg lange vor unserer Geburt fest, dennoch haben wir im Leben immer wieder die Wahl. Diese Tatsache erscheint auf den ersten Blick als ein Widerspruch. Aber nur auf den ersten Blick, denn in Wirklichkeit müssen wir uns tagtäglich auf unserem vorbestimmten Seelenweg durch unsere Lebensaufgaben beweisen, und das bedeutet: Entscheidungen treffen. Immer wieder werden wir getestet, immer wieder müssen wir uns entscheiden, und immer wieder haben wir die Möglichkeit, zu »beweisen«, dass wir auf dem richtigen Weg sind. Wir beweisen es uns selbst, oder genauer gesagt unserer Seele, mit jedem »Ja« und jedem »Nein«.

---

3 Legenden zufolge soll es in Indien zwölf Palmblattbibliotheken geben, in denen die Schicksale mehrerer Millionen Menschen auf den getrockneten Blättern der Stechpalme in Sanskrit oder Alt-Tamil niedergeschrieben sind. Siehe dazu Thomas Ritter: *Die Palmblattbibliotheken und ihre Prophezeiungen zur Zukunft Europas*, Jochen Kopp Verlag 2006.
4 Nach Auffassung der meisten Religionen, Kulturen und Weisheitsgelehrten existiert die Akasha-Chronik – es herrscht nur keine Einigung, wo sie sich befindet und wie man sie beschreiben kann. Laut den Hindus wird jeder Gedanke, jedes Wort und jede Tat in der Geschichte des Universums bis in alle Ewigkeit in eine Substanz geprägt, die »Akasha« genannt wird. Aus dieser universellen Substanz werden die Naturelemente Feuer, Wasser, Luft und Erde geschaffen. Die Gesamtheit dieser Informationen wird als »Akasha-Chronik« bezeichnet. Sie sollen aber auch in gegenständlicher, in aramäischer Sprache geschriebener Form in der sogenannten Archivhalle im Jenseits existieren. Siehe dazu Sylvia Browne: *Phänomene – Die Welt des Übersinnlichen aus medialer Sicht A–Z*, Wilhelm Goldmann Verlag 2006.

Wir beweisen unserer Seele, dass wir auf unserem seelischen Pfad voranschreiten und genau wissen, wohin wir in diesem Leben wollen.

Es gibt viele verschiedene Möglichkeiten, ein und dieselbe Lektion im Leben zu lernen. Es gibt unendlich viele verschiedene Wege, um zum gleichen Ziel zu gelangen. Wie das Sprichwort lautet: »Alle Wege führen nach Rom«. Doch nicht jeder Weg ist gleich, nicht jeder Weg führt schnell ans Ziel. Manche Wege sind sehr beschwerlich und auf manchen Wegen brauchen wir sehr lange, um an das ersehnte Ziel zu gelangen. Abgesehen davon ist »Rom« auch nicht das endgültige Ziel unseres Lebens, sondern eine von vielen Etappen, die wir seelisch erreichen wollen.

Solange wir hier auf Erden verweilen, können wir unser eigentliches Ziel nicht erreichen.

Der Weg unseres Lebens führt uns immer weiter. Im menschlichen Leben selbst gibt es kein endgültiges Ziel. Wir befinden uns immer auf einer Reise. Erst wenn wir uns von dieser Welt verabschieden und ins Jenseits gehen, sind wir angekommen. Das ist das Ziel unseres Daseins, dann sind wir daheim und dürfen uns von den Herausforderungen und Aufgaben des Lebens entspannen.

Solange wir leben, gibt es kein Ausruhen, kein Stehenbleiben und kein Rückwärtsgehen. Solange wir leben, müssen wir Menschen seelisch vorwärtsgehen.

Die Erde dreht sich jeden Tag. Die Sonne startet jeden Tag ihren Rundlauf und der Kreislauf des ewigen Lebens beginnt. Auch wir

Menschen sind diesem Kreislauf des Lebens unterworfen. Wir können uns dieser Lebensbewegung auf Erden nicht entziehen. Alles auf der Erde ist diesem Gesetz unterworfen. Alles bewegt und verändert sich, alles entsteht und endet, alles lebt und stirbt.

Viele Menschen meinen, sie können etwas beginnen und daran ein Leben lang festhalten. Doch nichts im Leben hat Bestand. Alles ist den Gesetzen des Lebens unterworfen, befindet sich im Fluss und in Bewegung. Auch der Mensch ändert sich mit jedem Tag. Niemand ist mit vierzig noch derselbe Mensch, der er mit zwanzig war. Der Mensch entwickelt sich, bewegt sich fort – auch wenn die meisten Menschen diese Tatsache ignorieren.

Der Fluss des Lebens ist eine der schönsten Tatsachen – man muss sich ihm nur anvertrauen.

Lasse das Leben geschehen. Vertraue und folge ihm. Lasse dich treiben, und stemme dich nicht dagegen. Es ist schön, mit dem Leben zu fließen, sich tragen und zu neuen Ufern treiben zu lassen. Dein Leben ist wundervoll, wenn du dich darauf einlässt und deiner Seele einfach nur vertraust. Alles andere erfordert nur Energie und Kraft. Höre auf mit deinem Urteilen, höre auf mit deinem Hadern an Dingen, die sind, wie sie sind. Schwimme nicht gegen den Strom deines Lebens, denn dieser wird dich mit sich nehmen – ob du willst oder nicht. Je mehr du dich nämlich gegen etwas auflehnst, desto mehr Energie gibst du dieser Situation und hältst sie damit am Leben. Es ist wie bei einer Grippe: Wenn man eine Grippe hat, nützt alles hadern und ärgern nichts, die Grippe wird sich nur verschlimmern. In diesem Fall ist es besser, sie als gegeben anzunehmen. Dann wird man schneller wieder gesund. Gib daher den

Widerstand gegen alles auf, was du im Leben nicht willst. Wechsle vom *Ist* zum *Sein*. Sei einfach eine Seele, die als Mensch im Hier und Jetzt lebt. Sei einfach nur du selbst. Gehe ins *Sein* deiner Seele.

Wenn wir einfach nur *sind*, dann *ist* nichts falsch.

Das *Ist* ist unser Dasein als Mensch, das *Sein* unser Dasein als Seele. Es sind zwei völlig andere Perspektiven auf das Leben: Im Ist-Zustand erkennen wir alles, was gerade passiert und was uns stört. Im Sein-Zustand nehmen wir die Dinge an, so, wie sie sind, akzeptieren sie und bewegen uns zu uns selbst. Probleme haben wir nur im *Ist*, niemals im *Sein*. Im *Sein* lösen sich alle Probleme auf. Denn wenn wir im *Sein* sind, dann sind wir seelisch eins.

Die Schwangerschaft

Noch bevor du deinen ersten Atemzug auf Erden tust, setzt du bereits ein Lebenszeichen.

Die Zeit im Mutterleib sollte für uns wie das Schlaraffenland sein: Wir sind geschützt und wie in warme Watte gepackt, werden rund um die Uhr versorgt und müssen uns um nichts kümmern. Alles, was wir benötigen, wird uns gegeben, ohne dass wir danach verlangen müssen: Nahrung, Wärme, Schutz. Wir fühlen uns geborgen. Die Geräusche sind gedämpft, nichts sollte uns stören und nichts uns belasten. Wenn unsere Mutter spazieren geht, werden wir durch ihre Bewegungen sanft geschaukelt und können wunderbar schlummern. Diese Lebensphase ist für fast jedes Lebewesen wunderbar, denn es ist wie wunschloses Glücklichsein, es ist wie der Himmel auf Erden, es ist unser kleines Paradies. Allerdings nur, bis unsere »Höhle« zu eng wird, weil wir zu groß geworden sind. Dann endet diese sorglose Gemütlichkeit und wir müssen die Notwendigkeit erkennen, jene schöne Lebensphase zu beenden, um in unsere Welt hineingeboren zu werden.

Eine glückliche Schwangere ist wie eine »Poleposition« für das neue Lebewesen.

Dies sind die besten Voraussetzungen für ein neues Leben. Doch solch einen Start ins Leben haben meist nur Wunschkinder intakter Partnerschaften. Sie werden bereits im Bauch geliebt, gestreichelt und umsorgt. Solche Kinder fühlen sich rundum wohl und sind zufrieden mit sich und ihrer Welt.

Anders ist es jedoch, wenn es Probleme in der Partnerschaft der Eltern gibt, das Kind nicht geplant war oder von einem oder beiden Elternteilen abgelehnt wird. In diesen Fällen kommt es bereits vor der Geburt zu negativen Belastungen, die das Kind immer mehr zu spüren bekommt – vor allem während der zweiten Hälfte der Schwangerschaft. Auch wenn das Kind nach der Geburt liebevoll aufgenommen und umsorgt wird, ist die Beziehung zu den Eltern oft nicht so entspannt.

Das heranwachsende Kind spürt im Bauch jede Anspannung und Regung der Mutter. Schließlich ist es mit ihr zu einer Einheit verbunden, und erst durch das Abnabeln nach der Geburt wird diese innige Bindung getrennt. Daher fühlt das Kind im Verlauf der Monate alles, was auch die Mutter fühlt. Obwohl sie zwei verschiedene Seelen haben, so sind sie in der Zeit der Schwangerschaft seelisch und körperlich eng miteinander verbunden: Das entstehende Wesen enthält bereits vor der Geburt Prägungen für sein gesamtes Leben. Jede seelische Belastung der Mutter berührt auch das wachsende Leben in ihrem Bauch. Jede Sorge, jede Aufregung, jeder Schreck der Mutter beunruhigt das neue Lebewesen.

Die Verbindung zwischen Mutter und Kind ist die intensivste menschliche Bindung, die es gibt. Ohne seine Mutter ist das Kind lange Zeit nicht lebensfähig. Erst wenn ein Großteil der Schwangerschaft durchlaufen ist, hat es eine Überlebenschance. Wenn es der Mutter schlecht geht, spürt es das Kind. Wenn das Leben der Mutter bedroht ist, ist es auch das Leben des Kindes. Und diese innige Bindung wird erst durch die Geburt gelöst.

Während der Schwangerschaft sind Mutter und Kind eine Einheit.

Eine Ablehnung des Kindes von einem oder von beiden Elternteilen ist noch belastender als Partnerschaftsprobleme. Doch auch diese haben einen Einfluss auf das Kind: Kommt es zu Streitigkeiten, macht sich die Mutter Gedanken darüber, ob es richtig war, ein Kind zu bekommen, oder wie es wird, wenn das Kind geboren ist. All diese Sorgen sind für das Ungeborene sehr belastend.

Ein Beispiel: Wenn sich die Mutter auf das Kind in ihrem Bauch nicht einlassen kann, weil sie viele eigene Probleme hat, dann wird sich das Kind später eher verschlossen gegenüber anderen Menschen verhalten. Als Erwachsener wird es sich fremden Menschen nicht gleich öffnen und seine Gefühle nur schwer offenbaren können. Daher kommt es vielleicht für seine Mitmenschen eher schüchterner oder manchmal eventuell etwas arroganter rüber, ohne dies in Wirklichkeit zu sein. Dies ist eine ganz natürliche Folge: Das Kind hat während der Schwangerschaft nicht gelernt, was es heißt, Zuneigung von der Mutter zu bekommen und kann daher auch in seinem späteren Leben schwer Zuneigung geben. Dieses Erlernte ist natürlich schädlich, aber meist nur schwer zu revidieren.

Aber nicht nur Probleme, sondern auch Stressfaktoren können das Ungeborene während der Schwangerschaft negativ belasten. So kann zum Beispiel ein Unfall im Leben der Mutter zu plötzlichem und extremem Stress bei ihr und zu lebenslangen Ängsten beim Kind führen.[5]

Aus den genannten Gründen sollte daher jeder, der ein Kind bekommen möchte, sich seiner Sache wirklich sicher sein. Natürlich, im Vorfeld suchen wir uns unsere Eltern und die Umstände selbst aus. Trotzdem dürfen wir als Eltern nicht die Verantwortung an das Seelendasein abgeben. Es ist sehr wichtig, dass jeder Mensch sich selbst und das, was er im Leben tut, hinterfragt. Jeder muss sich seiner Verantwortung als Mensch bewusst sein, und die größte Verantwortung ist, neues Leben zu erziehen. Das neue We-

Dein Seelenplan

---

5 Dr. Peter W. Nathanielsz schreibt dazu in *Life in the Womb: The Origin of Health and Disease* (Nathanielsz 1999), dass die Qualität des Lebens im Mutterleib unsere Anfälligkeit für Herzinfarkt, Schlaganfall, Diabetes, Fettleibigkeit und andere gesundheitlichen Probleme beeinflusst. Auch bei Osteoporose, Gemütskrankheiten und Psychosen wurde ein enger Zusammenhang mit prä- und perinatalen Einflüssen herausgestellt (siehe dazu Gluckman und Hanson: *Living with the past: evolution, development and patterns of disease* 2004). Es gibt Hinweise darauf, dass die Zeit im Mutterleib für die Programmierung unserer lebenslangen Gesundheit genauso wichtig oder sogar noch wichtiger ist als unsere Gene. Literaturhinweis: Bruce H. Lipton: *Intelligente Zellen*, Koha Verlag 2008.

sen, das entsteht, sollte die bestmöglichen Startbedingungen für sein Leben bekommen. Das ist die Verantwortung, die Mann und Frau eingehen, wenn sie sich lieben. Denn es kann immer, ob geplant oder nicht geplant, ein neues Leben dabei entstehen.

Denke zuerst und handle danach, sodass du niemanden verletzt – auch wenn derjenige noch nicht geboren ist.

Warum, wirst du dich fragen, sucht sich eine Seele Eltern aus, die ihr Kind ablehnen? Warum wählt sie nicht welche, die ihr Kind unendlich lieben und ihm einen guten Start ins neue Leben ermöglichen? Wäre das Leben dann nicht viel einfacher? Nein, denn die Seele sucht sich immer die Startposition, mit der sie am besten ihr Ziel erreichen kann. Manche Ziele brauchen schwere Bedingungen. Manche Menschen, die es in der Kindheit nicht leicht hatten, diese Belastungen aber meistern konnten, sind viel stärker und zielstrebiger als andere Menschen. Sie wissen oft ganz genau, was sie nie wieder in ihrem Leben erleben möchten. Sie sind sprichwörtlich durch die Hölle gegangen, sie sind daran gewachsen und gereift. Sie sind durch die widrigen Umstände heute genau dort, wo sie hingehören. Sie sind starke und belastbare Seelen.

Negative Umstände können auch Positives bewirken.

Ein Beispiel: Menschen, die erfolgreich in ihrem Beruf sind, haben in der Kindheit oft unter Entbehrungen gelitten. Bei vielen gab es finanzielle Probleme. Daher ist diesen Menschen die finanzielle Sicherheit sehr wichtig und sie sind bereit, sich mehr im Berufsleben zu engagieren.

Schwangerschaft und möglicher Seelenplan

Schwanger-schaft	Mögliche positive Folgen	Mögliche negative Folgen	Chancen	Gefahren
Wunschkind, Liebe durch beide Eltern-teile, intakte Partnerschaft der Eltern	geborgene und liebevolle Kindheit	Verwöhnung und Verhätsche-lung	gesundes Selbstbewusst-sein; innere Ruhe und Gelassenheit; positive Lebens-einstellung	Unselbststän-digkeit; geringe Belastbarkeit in Krisen-situationen
(bewuss-te oder unbewusste) Ablehnung durch ein Elternteil	besonders gute Beziehung zum anderen Elternteil	kurze Kindheit; lebenslange Suche nach der Liebe des ablehnenden Elternteils; schwierige Be-ziehung zu dem entsprechenden ablehnenden Geschlecht	Bewusstsein dafür, dass alles zwei Sei-ten hat; frühe Selbstständig-keit	allgemeine Unsicherheit; Unsicherheit in Beziehungen
Starke Spannun-gen in der Beziehung der Eltern	besondere Beziehung zu anderen Famili-enmitgliedern; Erfahrung im Umgang mit zwischen-menschlichen Konflikten	verkürzte Kindheit; fehlendes Vorbild einer funktionieren-den Beziehung	gutes und frü-hes Realitäts-bewusstsein; Konfliktfähig-keit; hohe Belastbarkeit	starke Gefühls-schwankungen; geringes Selbstwert-gefühl
Trennung der Eltern	besonders gute Beziehung zu einem oder beiden Eltern-teilen	lebenslange Su-che nach einer Mutter- oder Vaterfigur	Konflikt- und Krisenbestän-digkeit; Selbst-sicherheit in schwierigen Lebensphasen	Trennungsängs-te; unbewusste Ängste; starkes Verlangen nach Aufmerksam-keit
Ablehnung durch beide Elternteile	besondere Beziehung zu anderen Famili-enmitgliedern; Entwicklung einer starken, unabhängigen Persönlichkeit	einsame Kind-heit; fehlende Bezugsperso-nen; lebenslan-ge Suche nach Liebe	Fähigkeit, die Liebe nicht im Außen, sondern im Inneren zu suchen; Eigen-ständigkeit	Einzelgängerda-sein; geringes Selbstwertge-fühl; Ablehnung einer tiefen Beziehung aufgrund von Verlustängsten

Deine Geburt

Dein Start in unsere Welt ist begleitet von himmlischen Fanfaren, *die laut oder leise musizieren.*

Während unserer Geburt erleben wir extremen Stress. Über viele, viele Stunden zieht sich unser »Heim«, die Gebärmutter, immer wieder zusammen, und wir rutschen immer tiefer in den engen Geburtskanal. Unsere Mutter hat während dieser Zeit starke Schmerzen, und wir spüren ihren körperlichen Stress. Dieser Stress belastet uns körperlich und auch psychisch. Oft dauert es sehr lange, bis wir uns durch den engen Geburtskanal ins Freie kämpfen konnten, und in dieser Phase der Geburt nehmen der Druck und der Stress auf uns extrem zu.

Das Kind nimmt seine Umgebung vor allem instinktiv wahr. Es spürt jede Gefühlsregung der Mutter. Kommen daher bei der Geburt Komplikationen hinzu, ist das Kind starken körperlichen und psychischen Belastungen ausgesetzt. Schließlich versteht es nicht, warum eine Saugglocke oder Geburtszange notwendig ist, um ihm auf die Welt zu helfen. Es wird gezwungen, die gewohnte Umgebung zu verlassen und sein angenehmes Dasein aufzugeben. Der Geburtskanal ist eng, und das Kind wird enormem Druck ausgesetzt – angenehm ist die Geburt sicher nicht, aber notwendig.

Auch Kaiserschnittkinder verspüren einen enormen Stress. Sie müssen sich zwar nicht durch den engen Geburtskanal zwängen, sie nehmen aber die Anspannung und den Stress ihrer Umgebung deutlich wahr. Vor allem wenn der Kaiserschnitt als eine Notfallmaßnahme erfolgt, ist das Kind den starken Stresshormonen der Mutter ausgeliefert. Und dann wird »plötzlich« die Bauchdecke geöffnet und das Kind seiner gewohnten Umgebung entrissen. Dies ist ein Schock für das Kind und bedeutet ebenfalls starken Stress.

**Je schwieriger die Geburt verläuft,
desto stressbelasteter beginnt der Mensch sein Leben.**

Eine schwierige Geburt kann enorme Auswirkungen auf das gesamte Leben haben. Sie kann einen Menschen stressresistenter machen, weil er gleich zu Beginn seines Lebens erfahren musste, wie es ist, sich »durchzukämpfen«. Sie kann aber auch dazu führen, dass der Mensch unter Stress hektisch wird und schlecht mit stressigen Situationen umgehen kann, weil ihn dies an seinen schwierigen Start ins Leben erinnert.

**Bei einer einfach verlaufenden Schwangerschaft ist
die Geburt die erste große Veränderung für das Kind.**

Die meisten Menschen mögen keine Veränderungen. Sie sind Gewohnheitstiere und lassen sich nur äußerst ungern auf Neues ein. Dies kann auch bei Kindern der Fall sein: Sie kommen ungern in die neue Welt und helfen daher nicht beim Vorantreiben der eigenen Geburt mit. Viel lieber würden sie in ihrer sicheren und warmen Höhle bleiben. Doch dies ist natürlich nicht möglich.

Durch die Geburt kommt es abrupt zur körperlichen Trennung von der Mutter. Doch auch die intensive seelische Verbindung

Dein Seelenplan

ändert sich. Nach Abschluss der Geburt ist die intensive Einheit von Mutter und Kind unterbrochen. Das Kind ist nun erstmals für sich allein: Oft wird es von der Mutter kurzzeitig getrennt, um es zu versorgen, und erst danach wird es ihr wieder in den Arm gelegt.

Die Geburt ist der Moment im Leben, wo der Mensch zum Individuum, zur eigenständigen Persönlichkeit wird.

Nach der Geburt sind wir seelisch gesehen eigenständig. Und wir haben uns bereits zu Individuen entwickelt, denn jede Schwangerschaft und jede Geburt hinterlässt ihre eigenen Prägungen. Und dies umso stärker, je schwieriger die Schwangerschaft und unsere Geburt verlaufen sind. Doch wir haben uns die Umstände unserer Geburt ausgesucht, genauso wie unsere Eltern. Alles, was um uns herum passiert, beeinflusst uns nun. Es verändert unsere Richtung und unsere Bahn. Alles ist wie eine kleine Weiche: Lässt sie uns beispielsweise nur fünf Grad von unserer Richtung abkommen, gelangen wir über einen anderen Weg als über unseren ursprünglichen zu unserem Ziel. Anfänglich machen die fünf Grad sicher keinen großen Unterschied, aber über die Jahre unseres Lebens hat jeder einzelne Grad eine enorme Bedeutung. Wir gelangen dadurch in ganz andere Bereiche, wir sehen eine ganz andere Umgebung und leben damit ein ganz anderes Leben. Jede noch so kleine Veränderung bewegt uns fort von dem Ort, an dem wir gerade stehen. Jede kleine Veränderung zeigt uns eine ganz neue Welt.

Uns fällt nichts im Leben zu – es ist alles vorherbestimmt. Oder anders formuliert: Es gibt keine Zufälle
im Leben, sondern es wurde von dir einst so festgelegt.

Geburt und möglicher Seelenplan

Geburt	Mögliche positive Folgen	Mögliche negative Folgen	Chancen	Gefahren
Einfache Geburt ohne Komplikationen	leichtere Kindheit durch einen guten Start ins Leben	Bedürfnis nach einem ruhigen Umfeld aufgrund des Fehlens einer ersten Stresserfahrung	selbstsicheres und leichtes Lebensgefühl	Unsicherheit in Stress- und Problemsituationen; geringe Belastbarkeit
Lang andauernde oder schwere Geburt	Erfahrung im Umgang mit schwierigen Lebensphasen	angespanntes Verhältnis zur Mutter und dadurch Gefühl der Einsamkeit	innere Stärke, Geduld; enorme Belastbarkeit; Selbstbewusstsein	Klaustrophobie
Geburt mit Komplikationen, die gut gelöst werden konnten	Erfahrung im Umgang mit schwierigen Lebensphasen	großer körperlicher und emotionaler Stress	lösungsorientiertes Denken; Konfliktfähigkeit; Gelassenheit	Nervosität bereits bei Kleinigkeiten; Panikanfälligkeit; Ängste
Geburt mit Komplikationen, die bei der Mutter Folgen hinterlassen haben	besondere Wertschätzung durch die Eltern	Gefühl der Einsamkeit durch den anfänglichen oder den andauernden Entzug der Mutter	Achtung vor dem Leben und inneren Werten; Tiefgründigkeit	Schuldgefühle; fehlendes Selbstwertgefühl; Hassgefühle
Geburt mit Komplikationen, die beim Kind Folgen hinterlassen haben	besondere Fürsorge durch die Eltern	Einschränkungen im Leben durch Behinderungen und die eigene Andersartigkeit	positive Lebenseinstellung; Tiefgründigkeit; Achtung vor dem Leben und inneren Werten; besondere Leistungsbereitschaft	Gefühl des Ausgestoßenseins, der Einsamkeit, der Benachteiligung und des Neides

Deine Kindheit

Kinder sind reine Engel –
unschuldig und völlig unbedarft.

Die wohl prägendste Phase im Leben eines Menschen ist seine Kindheit. Hier werden die Weichen für sein gesamtes weiteres Leben gestellt.

Mit der Kindheit beginnt unser neues Leben und es startet unser Seelenplan.

In unserer Kindheit sind wir den Umständen und Gegebenheiten unserer Umwelt ausgeliefert, da wir nach der Geburt allein nicht lebensfähig sind: Wir sind auf Hilfe von außen angewiesen. Wir brauchen jemanden, der sich um uns kümmert. Doch viele Menschen legen dieses Bedürfnis auch im Erwachsenenalter nicht ab. Manche Menschen klammern sich ein Leben lang an dieses frühkindliche Bedürfnis.

Wenn wir geboren werden, haben wir weder die Kraft noch die Stärke noch die Möglichkeiten, uns zu schützen oder uns zu wehren. Wir begeben uns vertrauensvoll in die Hände unserer Eltern – in die Obhut unserer Mutter und unseres Vaters oder einer anderen Bezugsperson. Wir sind auf ihre Fürsorge, Liebe und ihren Schutz angewiesen. Ohne ihre Hilfe würden wir nicht überleben.

Das Menschenkind ist in den ersten Jahren weder körperlich noch geistig noch seelisch allein lebensfähig.

Ein Menschenkind kann in den ersten Jahren niemals für sich allein sorgen. Es ist ein hilfloses kleines Geschöpf. Interessanterweise dauert diese Phase der vollkommenen Hilflosigkeit bei keinem anderen Lebewesen der Welt so lange. Woran liegt das?

Die Seele eines Menschen muss im Laufe des Lebens viele und auch oft schwere Aufgaben lösen. Um diesen seelischen Entwicklungsaufgaben gewachsen zu sein, brauchen wir eine gute und lange Vorbereitungszeit. Selbst wenn die Seele bereits viele Inkarnationen hinter sich hat, ist jedes Leben, das sie neu für sich wählt, anders, und auch die Aufgaben haben sich verändert. Selbst wenn eine Seele eine wichtige Lebensaufgabe nicht erreicht hat und ein neues Leben mit der Lösung der gleichen Aufgabe wählt, sind die Bedingungen nicht die gleichen wie im letzten Leben – dieses Mal sind sie härter.

Härter bedeutet nicht unbedingt schlechter.
Härter bedeutet, dass man weniger Möglichkeiten hat,
sich der Lebensaufgabe zu entziehen.

Als kleines Kind bereiten wir uns auf unsere Lebensaufgabe vor, damit wir anschließend zeigen können, dass wir unseren geplanten Herausforderungen gewachsen sind. Dabei lassen wir uns von unserer Umwelt stark prägen und beeinflussen. Daher ist es enorm wichtig, sich bei Problemen im Erwachsenenleben die eigene Kindheit vor Augen zu führen. Viele Menschen haben wesentliche Teile ihrer unangenehmen Kindheit verdrängt – sie erinnern sich nur noch an Bruchstücke. Die eigene Kindheit ist wie ein zugedeckter Bereich. Dieses Vergessen ist ein Schutzmechanismus des Menschen. Man streicht Unangenehmes aus dem eigenen Leben – sofern dies möglich ist. Doch man muss akzeptieren, dass man diese Phasen in der Vergangenheit durchlebt hat: Man hatte bestimmte Gefühle, die durch gewisse Situationen erzeugt wurden, und es kam zu Prägungen auf unserer Seele. Unsere Kindheit hat stattgefunden, auch wenn sie heute für manche Menschen wie ein schwarzes und leeres Loch erscheint.

Die Prägungen und die Gefühle aus unserer Kindheit sind immer ein Teil von uns, auch wenn wir uns an ihre Ursachen nicht mehr erinnern.

Irgendwann muss sich jeder Mensch mit den verdrängten Erlebnissen aus seiner Kindheit beschäftigen, denn alle haben einen Einfluss auf die eigene Person. Sie beeinflussen uns meist jahre- und auch jahrzehntelang. Vor allem, wenn es Erlebnisse sind, an die wir uns nicht bewusst erinnern, wie zum Beispiel verdrängter, tief sitzender Schmerz. Wir können die Schutzmechanismen unseres Lebens aber erst verändern, wenn wir uns ihrer bewusst sind, wenn wir verstehen, warum sie ein Teil von uns sind. Doch um sie abzulegen, müssen wir ihren Ursprung kennen. Denn als Erwachsene benötigen wir diese Mechanismen in der Regel nicht mehr, um uns zu schützen. Als Erwachsene behindern und blockieren sie uns nur. Sie erfüllen keinen Zweck mehr, denn wir sind nicht mehr das kleine Kind, das auf die Hilfe von außen angewiesen ist.

**Jeder, der seelisch frei sein möchte,
muss sich von seinen alten Verstrickungen lösen.**

Die glückliche Kindheit

In einer glücklichen Kindheit kommt es vor allem zu positiven Prägungen. Hier ist der Beginn des Lebensweges ein einfacher, sodass man mutig voranschreiten kann. Erst später wird man auf Hürden und Herausforderungen stoßen, aber in der Phase der Kindheit ist der Weg eben und gut zu gehen. Das Kind wird mit seinen eigenen Vorstellungen und Wünschen respektiert und dieser Umstand sorgt für Selbstvertrauen und für den Aufbau einer eigenständigen Persönlichkeit. Die Eltern oder Bezugspersonen sind verständnisvoll, liebevoll und umsorgend. So kann das Kind sich vollkommen auf sich selbst als Person konzentrieren und sich seelisch und mental für spätere Aufgaben rüsten. Denn irgendwann werden diese Aufgaben kommen – bei dem einen früher, bei dem anderen später. Doch das Meistern der gestellten Aufgaben ist schließlich das Ziel des Lebens.

**Eine angenehme Kindheit sorgt später
für eine gefestigte Persönlichkeit.**

Wenn Menschen eine glückliche und gute Kindheit hatten, dann werden sie ihre Eltern oder ihre jeweiligen Bezugspersonen bis an ihr Lebensende lieben. Denn so, wie sie geliebt wurden, so haben sie von Anfang an gelernt zu lieben. Sie werden andere Menschen im Leben leichter lieben und Fehler leichter vergeben können. Vielleicht nicht sofort, aber sie werden eine gute Basis zu anderen Menschen haben, denn zu vertrauen war das Erste, was sie erfahren haben. Es kann passieren, dass sie später zu sehr an das Gute im Menschen glauben und in diesem Bereich leidvolle Erfahrungen sammeln. Doch Vertrauen zu haben ist eine sehr positive Eigenschaft, die sie ihrer glücklichen Kindheit zu verdanken haben.

Wenn ein Mensch als kleines Kind sehr geliebt wurde, dann wird er sein Leben lang die Liebe zu schätzen wissen. Denn das wichtigste Gefühl im Leben ist die Liebe, die allumfassende Liebe zu anderen Menschen, anderen Lebewesen und zum Leben selbst. Es ist das wahre Gefühl der Seele und ein großes Geschenk.

Der allergrößte Schatz eines Kindes ist die Liebe! Etwas Wertvolleres kann man einem Kind nicht schenken.

Ein Lebensanfang voller Liebe und Geborgenheit schenkt unglaubliches Vertrauen in das Leben mit allen seinen Widrigkeiten und Tücken. Er gibt Kraft und Stärke, wie nichts anderes auf der Welt dies vermag. Denn durch die Erfahrung, als kleines Wesen wahrhaftig geliebt worden zu sein, hat der Mensch erfahren, dass er liebenswert ist und dadurch hat er gelernt, sich auf andere Menschen einzulassen und sich ihnen energetisch zu öffnen. Mit diesem Geschenk der Eltern oder einer anderen Bezugsperson ist er später in der Lage, jeder großen Herausforderung zu trotzen. Die glückliche Kindheit ist wie eine seelische Höhle, in die er sich jederzeit im Leben zurückziehen kann, wenn er das Gefühl hat, nicht mehr weiter zu können. Sie ist ein besonderer Ort der Kraft.

Eine glückliche Kindheit ist die Basis für gute und positive Energie im Leben.

Immer wenn die Umstände im Leben schwierig sind, hilft eine glückliche Kindheit dem Menschen, sich über Wasser zu halten. Sie motiviert ihn, sich den Herausforderungen zu stellen und weiterzukämpfen. Er weiß, dass das Leben schön sein kann, denn schließlich hat er diese Erfahrung bereits gemacht. Und auch wenn die Umstände nicht optimal sind, hat er das Vertrauen, dass sie sich wieder zum Besseren wenden werden.

Du weißt, dass das Leben schön sein kann, auch wenn es vielleicht in der jetzigen Situation nicht schön ist.

Wenn du eine glückliche Kindheit hattest, dann danke deinen Eltern oder deiner jeweiligen Bezugsperson dafür. Es war ihre Liebe, die sie dir bereitet hat. Es war ihre Liebe, die deinen Lebensweg so schön hat beginnen lassen. Auch wenn du einst deine Eltern selbst ausgewählt hast, so danke ihnen dennoch. Denn Liebe ist keine Selbstverständlichkeit in unserer heutigen Welt. Zu viele Menschen wissen nicht einmal, was wahre Liebe bedeutet. Zu viele Menschen sind in erster Linie auf ihren persönlichen Vorteil fixiert. Doch wahre Liebe setzt dich selbst in den Hintergrund.

Wahre Liebe nimmt die eigene Person zurück und stellt das Objekt der Liebe in den Vordergrund.

Natürlich kann es auch sein, dass es Eltern gibt, die ihre Kinder über alles lieben, ihnen aber trotzdem keine leichte und glückliche Kindheit bereiten können, weil andere Umstände das Leben deutlich erschweren. Dies ist beispielsweise der Fall, wenn es finanzielle, gesundheitliche oder zwischenmenschliche Probleme der Eltern gibt. Diese belasten auch das Kind, denn es ist in einer liebevollen Familie eng mit seinen Eltern verbunden. Oder wenn ein Elternteil die Familie verlässt – sei es durch Trennung oder Tod – hat dies natürlich ebenfalls Auswirkungen auf die Kindheit, auch wenn der zurückgebliebene Elternteil das Kind unabdingbar geliebt hat.

Die schwierige Kindheit

Menschen mit einer schwierigen Kindheit werden nicht zwangsläufig zu schlechten Menschen. Sie mussten nur härter werden als andere, da sie sich selbst schützen mussten. Sie haben gelernt, zu kämpfen und für sich selbst da zu sein. Zu oft wurden sie als kleine Kinder enttäuscht, weshalb sie sich nun anderen gegenüber nicht leicht öffnen können. Zu oft wurden sie verletzt, sodass sie gelernt haben, ihre Gefühle hinter einem Panzer zu verstecken. Sie sind nun meist schwerer zu durchschauen und oft erst einmal lieber für sich allein. Schließlich haben sie gelernt, auf sich selbst aufzupassen. Möglicherweise sind sie auch vorsichtiger und empfindlicher.

Menschen, die eine schwierige Kindheit hatten, sind meist misstrauischer als andere.

Sie erwarten eher das Schlechte im Leben, auch von ihren Mitmenschen. Liebe ist bei ihnen ein schwieriges Thema, denn sie haben in ihrer Kindheit zu wenig Liebe erfahren.

Eine schwierige Kindheit darf man nicht als »schlechte« Kindheit bezeichnen. Natürlich, sie war schwierig für den Menschen und hat ihm möglicherweise viel Leid bereitet. Dennoch hat sie dafür gesorgt, dass die Seele ihre Lebensaufgaben später besser erfüllen konnte. Die Begriffe »schwierig« und »schlecht« muss man daher voneinander trennen.

Wie definiert man daher eine schwierige Kindheit? Ich würde sagen, jede Kindheit, in der das Kind die meiste Zeit nicht glücklich ist, ist eine schwierige Kindheit. Kinder sollten Glück, Liebe und Fürsorge erfahren. Sie sollten sich geborgen und umsorgt fühlen. Ihre Eltern oder ihre Bezugspersonen müssen in diesem Lebensabschnitt für sie der Fels in der Brandung sein, der Ort, an dem sie bei jedem Problem Zuflucht und Hilfe finden können. Nur dadurch weiß der Mensch, dass es Hilfe in seinem Leben gibt. Nur dadurch glaubt er an das Gute.

Ein kleines Kind kann sich nicht wehren. Es ist seiner Umgebung vollkommen ausgeliefert. Wenn niemand es beschützt, muss es sich hilflos jeden Schmerz und jeden Angriff gefallen lassen. Auch Einsamkeit in der Kindheit kann ein großes Problem mit weitreichenden Folgen für das Leben sein. Wenn die Eltern zu sehr mit ihren eigenen Problemen beschäftigt sind, muss das Kind vieles für sich alleine tragen. Meist merken Eltern oder Bezugspersonen nicht einmal, dass das Kind Hilfe, ein Gespräch oder seelische Unterstützung benötigt. Auch wenn diese Kinder nicht geschlagen oder missbraucht werden, leiden sie unter ihrer Kindheit und sind nicht glücklich.

Ein typisches Beispiel für diesen Fall ist eine kaputte Ehe der Eltern, die sich aber wegen der Kinder nicht trennen wollen. Je nach Ausmaß der Streitigkeiten ist meist keiner der beiden Partner in der Lage, sich wahrhaftig auf seine Mitmenschen einzulassen. Solche Eltern ziehen sich emotional zurück, und das Kind leidet unter dieser Emotionslosigkeit. Es fühlt sich allein und einsam. Die Folge ist meist, dass auch das Kind anfängt, sich emotional zu verschließen. Es behält seine Gedanken, Probleme und Gefühle für sich, weil es keinen Ansprechpartner in der eigenen Familie findet.

Eine schwierige Kindheit kann Menschen auf die unterschiedlichste Art prägen.

Menschen mit einer schwierigen Kindheit neigen dazu, ihr Innerstes zu verstecken, wodurch sie sich anderen später nur schwer öffnen können. Eine schwierige Kindheit kann auch dazu führen, dass der Mensch sich später mit dem Glücklichsein sehr schwertut. Er ist »Glück« einfach nicht gewohnt beziehungsweise er weiß nicht, was Glück ist. Eine lebenslange Suche nach Freude, Geborgenheit und Liebe könnte die Folge sein.

Menschen mit einer schwierigen Kindheit können andererseits aber auch früher selbstständig werden als behüteter aufgewachsene Kinder. Sie mussten sich bereits früh seelisch von den Eltern lösen und sind daher auch früher erwachsen. Diese Kinder kommen meist schneller in die Pubertät und haben schneller eine Beziehung, die ihnen die fehlende Liebe und Zärtlichkeit der Eltern ersetzen soll.

Man kann die Vermutung aufstellen, dass Kinder aus zerrütteten Familien schneller wie Erwachsene leben und früher rauchen, Alkohol trinken und sexuelle Erfahrungen sammeln. Man kann dies natürlich nicht verallgemeinern, aber man braucht schon eine wirklich starke Persönlichkeit, um dieser Art der Kompensation zu entsagen und nicht am eigenen emotionalen Schmerz zu scheitern. Es hängt davon ab, wie ausgeprägt die eigene innere Stärke ist. Manchen Menschen gelingt es, stark zu sein. Anderen Menschen leider nicht.

Jeder Mensch braucht Liebe. Bekommt er sie nicht von einer bestimmten Person, sucht er sie an anderer Stelle. Daher sollte man niemals eine Kinderseele verdammen, die sich im Jugendalter auf der Suche nach Liebesersatz in Sex, Drogen oder Alkohol verstrickt. Besser ist es, den Jugendlichen zu verstehen, ihm zu helfen und ihm eine Alternative anzubieten. Den wenigsten Menschen gelingt es, die Liebe nicht im Außen zu suchen. Und wenn es schon kaum ein Erwachsener schafft, sich selbst so zu lieben, dass er nicht auf die Liebe von anderen angewiesen ist, wie soll dies einem Kind aus schwierigen Verhältnissen gelingen?

Wenn deine Kindheit nicht gut verlaufen ist, dann ist dies trotzdem kein Grund zu verzweifeln. Alles im Leben hat schließlich einen Sinn, selbst wenn man ihn erst im Nachhinein erkennen kann. Für deine seelische Entwicklung war es offensichtlich notwendig, dass du keinen einfachen Start ins Leben hattest. Dies bedeutet aber keinesfalls, dass dein ganzes Leben nun schlecht verlaufen muss.

Die katastrophale Kindheit

Eine katastrophale Kindheit, in der das Kind von Anfang an nur Schmerz, Angst und Ablehnung erfahren hat, ist in vielen Fällen wie eine »Kettenreaktion« und überträgt sich von Generation zu Generation. Diese Kinder können psychisch meist nur überleben, indem sie sich gegenüber ihrer Umwelt vollkommen verschließen. Ohne diesen extremen Schutzpanzer aus Teilnahmslosigkeit und Gleichgültigkeit würde der Mensch seelisch, körperlich und geistig zugrunde gehen. Diese Seelen haben gelernt, dass sie nur überleben, wenn sie sich selbst und ihr wahres Sein verleugnen. Diesen extremen Schutzmechanismus verinnerlichen manche so sehr, dass sie den Weg nicht mehr zurückfinden und in dieser »Menschlosigkeit« ein Leben lang verharren.

Kinder, die immer wieder sehr viel Schmerz und Leid erfahren, müssen die Verbindung zwischen Körper und Seele trennen, um nicht zu zerbrechen.

Sie verlieren dadurch aber sich selbst, ihre Seele, und begeben sich ins reine Menschendasein. Um überleben zu können, verlieren sie den wichtigsten Teil von sich. Sie kapseln sich sozusagen völlig von ihrem eigenen Ursprung ab, sie lösen sich von sich selbst. Viele brauchen später etliche Jahre, um die eigene Seele und damit auch das eigene Ich wiederzufinden.

Manche Menschen schaffen es in einem Erdenleben nicht, sich selbst wiederzufinden.

Sie bleiben dann ein Leben lang auf der Suche, obwohl sie meist nicht einmal wissen, nach was sie suchen. Sie wissen nur, dass ihnen etwas fehlt: Sie fehlen sich selbst. Die eigene Seele ist ihnen abhandengekommen – unter einer tiefen Schicht aus Schmerz und Leid, unter einer tiefen Schicht aus Schutzmechanismen.

Ein typisches Beispiel für einen Schutzmechanismus ist die absolute Verdrängung. Wenn man sich als Erwachsener an seine Kindheit oder an bestimmte Phasen davon kaum noch erinnern kann, deutet dies meist auf eine sehr schwierige Kindheit hin, in der man sich eine Schutzschicht zugelegt hat. Das Problem ist nun, dass alle Probleme unterbewusst abgespeichert wurden und in der Tiefe des Seins nun nach wie vor vorhanden sind. Von Zeit zu Zeit durchbricht das Erlebte durch Schlüsselreize den Verdrängungspanzer, es kommt ganz plötzlich an die Oberfläche und beeinträchtigt den Menschen enorm. Wie bei einem Zwang reagiert der Betroffene nach einem ganz bestimmten Muster. Er weiß nicht, wo dieses Muster herkommt, das sein Handeln immer mal wieder bestimmt, und kann sich seine Reaktionen selbst nur schwer erklären.

Will man die eigene Freiheit der Seele erlangen, muss man sich mit den verschlossenen Bereichen seines Lebens auseinandersetzen.

In vielen schwierigen Kindheiten gehören Gewalt und Grausamkeit zur Tagesordnung. Die Kinder haben nur diesen Weg zur »Lösung« von Problemen kennengelernt und gehen ihn weiter. Anstatt Gewalt abzulehnen, da diese ihnen selbst so viel Schmerz und Leid gebracht hat, leben sie sie später selbst. Sie schaffen es nur schwer, sich selbst unter Kontrolle zu halten, und sie gehen den Weg weiter, der ihnen vorgelebt wurde.

Damit diese Menschen überhaupt eine Emotion erfahren können, brauchen sie oft ganz extreme Reize. Dies kann so weit gehen, dass sie sich zum Beispiel absichtlich in die Haut ritzen, um etwas fühlen zu können. Nur so gelingt es ihnen, für einen kurzen Augenblick ihren Schutzpanzer zu öffnen und ein Gefühl zuzulassen.

Doch trotz allem haben diese Menschen die Wahl. Sie müssen nicht den Weg der Gewalt weitergehen, denn sie können sich jederzeit entschließen, wieder sie selbst zu sein. Sie können jederzeit daran arbeiten, anders zu werden als die eigenen Eltern oder Bezugspersonen.

Der Mensch hat immer eine Wahl.

Du bist nicht dein Vater oder deine Mutter. Du bist ein anderer Mensch. Du bist einfach du. Daher musst du auch nicht so werden wie andere Menschen. Du hast immer die Wahl. Du hast immer die Kraft.

Du bist du. Du bist einzigartig, daher messe dich nicht mit anderen. Du bist gut, wenn du es zulässt, zeigst und lebst. Beweise, wer du in Wirklichkeit bist. Zeige deine Seele.

Kindheit und möglicher Seelenplan

Kindheit	Mögliche positive Folgen	Mögliche negative Folgen	Chancen	Gefahren
Glückliche Kindheit	Möglichkeit zur Entwicklung einer starken, liebe- und mitfühlenden Persönlichkeit und zu einem starken Bezug zur eigenen Seele	Verwöhnung; keine Möglichkeit, eigene Konflikterfahrungen zu machen	positive Energie; Mut; Selbstvertrauen	Naivität; zu große Vertrauensseligkeit; geringe Selbstständigkeit und geringe Belastbarkeit
Durchschnittliche Kindheit	Möglichkeit zur Entwicklung einer stabilen Persönlichkeit; gute seelische Entwicklung	Unselbstständigkeit in bestimmten Bereichen	Ausgeglichenheit; gutes Selbstbewusstsein	Naivität; evtl. zu große Vertrauensseligkeit
Schwierige Kindheit	Erfahrung im Umgang mit zwischenmenschlichen Konflikten	Seelenverlust; ständiges Streben nach Liebe; zu kurze Kindheit	hohes Gerechtigkeits- und Rechtsempfinden; hohe Belastbarkeit; gutes Durchhaltevermögen; Eigenständigkeit	Traurigkeit; Depression; Ängstlichkeit
Katastrophale Kindheit	Möglichkeit zur Entwicklung einer starken Persönlichkeit (durch die extrem hohe Belastung)	kompletter Seelenverlust; fehlende Kindheit; gestörte Entwicklung der eigenen Persönlichkeit und dadurch lebenslange Suche nach sich selbst	Durchbrechung alter eingefahrener Kreisläufe, bei denen negative Eigenschaften von Generation zu Generation weitergegeben wurden; Führungspersönlichkeit; Fähigkeit zu großen Bewegungen; Weltverbesserer	massive Ängste; Emotionslosigkeit; psychische Probleme

Deine Jugend

Heraus aus dem Kokon, hin zur eigenen Identität – eine verwirrende Zeit ...

Wenn die eigene Kindheit glücklich war, dann hatte man einen guten Start. Doch manchmal endet dieser gute Start mit der Pubertät. Mit Eintritt in die sogenannte Geschlechtsreife ändert sich vieles im Leben eines jungen Menschen. Bei Mädchen kann dieser Übergang bereits im Alter von neun Jahren beginnen, bei Jungen findet er meist erst später statt. Auf jeden Fall beginnt er mit dem allmählichen Wandel vom Kind zum Mann oder vom Kind zur Frau.

Die Jugend ist eine der schwierigsten Phasen im Leben eines Menschen. Viele Unsicherheiten kommen erst hier zum Vorschein. Es ist eine Zeit der Behauptungen, der Entwicklung der eigenen Persönlichkeit, des Austestens der eigenen Stärke oder des Erfahrens der eigenen Schwäche. Mit der Pubertät werden wir zu neuen Menschen. Die Eltern kommen mit dieser Wandlung oft nicht mit, denn ihr kleines Küken entwickelt sich plötzlich zum zickenden Huhn oder keifenden Hahn. Vorbei ist es mit dem braven, ausgeglichenen Kind, das Mama und Papa gefallen will. In erster Linie will das eigene Kind nun dem anderen Geschlecht gefallen – und natürlich auch sich selbst.

Elternpaare in einer guten und stabilen Beziehung fällt die Wandlung ihres Nachwuchses leichter, denn ihre Kinder sind nicht ihr einziger Lebensinhalt.

Die Pubertät ist die Phase, in der das Kind anfängt, langsam flügge zu werden. Es kapselt sich von den Eltern ab und sucht sich in seiner Altersgruppe Bezugspersonen, da diese ähnliche Sorgen, Probleme und Gefühle haben. So treffen in diesem Abschnitt Eltern, die Angst haben, ihre Kinder zu verlieren, auf Kinder, die Angst haben, nicht groß und erwachsen genug zu sein.

Wenn Eltern ausgeglichen und sich ihrer selbst sicher sind, dann kann die Zeit, in der die eigenen Kinder langsam erwachsen werden, sehr angenehm sein. Schließlich sind die Kinder nun in einem Alter, in dem Mann und Frau sich wieder mehr um die eigene Beziehung kümmern können oder wieder mehr Zeit für die eigenen Interessen haben. Dennoch sollten die Eltern immer noch auf ihre Kinder achten und sie nicht links liegen lassen – selbst wenn ihre Kinder dies im umgekehrten Fall tun.

Jugendliche brauchen beides: Freiraum für die eigene Entwicklung und Eltern, die jederzeit für sie da sind.

Diese Gratwanderung – zu erkennen, wann das Kind Zuwendung und Hilfe braucht und wann es lieber in Ruhe gelassen werden will – ist eine große Herausforderung für die Eltern. Denn so erwachsen, wie die Jugendlichen oft tun, sind sie in Wirklichkeit nicht – auch wenn sie dies niemals zugeben würden. Denn dies zuzugeben würde bedeuten, Schwäche zu zeigen.

Kinder bewundern ihre Eltern, vor allem, wenn diese ihren Seelenweg bereits gefunden haben und ihm folgen. Dann schauen sie gerne zu ihnen auf und können in ihnen Seelentröster sehen, die bei Problemen für sie da sind.

Gute Eltern sind seelisch groß, stark und wie ein Fels in der Brandung. Sie sind die besten Vorbilder für einen jungen Menschen.

Doch nur wenn Eltern auf der Seelenebene agieren und ihre Kinder als eigenständige Seelenwesen achten, lieben und respektieren, nur dann können sie diese Position einnehmen. Lassen sie ihnen zu viel Freiraum, sind die Jugendlichen oft führungslos und sich selbst überlassen und suchen sich möglicherweise die falschen Vorbilder aus. Sind die Eltern hingegen zu streng und der Meinung, ihren Kindern keinen Freiraum gewähren zu müssen, sind die Kinder ebenfalls führungslos. Sie werden in die Normen ihrer Eltern »gepresst«, agieren nicht entsprechend ihrer eigenen Seele und werden somit nicht *seelisch* geführt.

Jugendliche brauchen, um sich selbst seelisch zu finden, einen gewissen Spielraum. Aus der Seele zu agieren bzw. zu führen bedeutet, Vertrauen in den anderen zu haben und ihn nicht in eigene Normen zu pressen. Andernfalls agiere ich nicht meiner Seele gemäß, sondern aus meinen eigenen menschlichen Prägungen heraus.

Jugendliche brauchen eine gute seelische Führung, um ihren eigenen Weg zu finden.

Die glückliche Jugend

Eine gute Jugend ermöglicht dem Kind einen optimalen Übergang zum Erwachsenendasein. In dieser Lebensphase treten natürlich viele Probleme auf, mit denen sich der junge Mensch auseinandersetzen muss. Die Hormone spielen verrückt, der Körper

verändert sich und er möchte sich selbst immer wieder beweisen. Die Beliebtheit wird unter Gleichaltrigen sehr hoch bewertet und nimmt einen hohen Stellenwert im Leben eines jungen
Menschen ein.

Der Jugendliche erhofft sich vor allem Achtung: Achtung von den Freunden, vom anderen Geschlecht und von den Erwachsenen.

Von anderen geachtet zu werden, ist das allergrößte Ziel. Gelingt
dies dem Jugendlichen, dann gibt es ihm für die Zukunft große Sicherheit. Es gibt ihm Stärke und Kraft, sich den Herausforderungen
im Leben zu stellen. Schließlich hat er sich in dieser schwierigen
Phase gut behauptet und konnte zeigen, dass er eine eigenständige Persönlichkeit ist. In einer guten Jugendzeit lernen sich die
Menschen selbst am besten kennen, denn sie müssen sich nicht
auf andere konzentrieren, sondern können sich voll und ganz mit
ihren eigenen Interessen, Wünschen und Konflikten beschäftigen.
Doch ihnen wird in diesem Lebensabschnitt auch viel abverlangt:
Der Schulabschluss, die Berufswahl, der Führerschein, die ersten
Partys, die erste Liebe – das ist eine ganze Menge an Neuem und
Wichtigem im Leben eines jungen Menschen.

Menschen, die eine schöne Jugend und somit einen leichteren
Start ins Erwachsenenleben hatten, neigen dazu, weniger Fehler
bei der Wahl wichtiger Entscheidungen zu machen. Sie entscheiden sich meist auf Anhieb für den richtigen Beruf und erkennen
schneller den richtigen temporären Partner.

Eine schöne Jugendzeit bietet der Seele Raum für eine breite Entwicklung, denn in der Pubertät passiert allerhand mit der Seele.

Immer wenn der Körper eine große Wandlung durchmacht, entwickelt sich die Seele enorm weiter.

Denn Seele und Körper stehen in einem engen Wechselverhältnis. Geht es dem Körper gut, geht es auch der Seele gut. Wächst der Körper, wächst auch die Seele. In der Pubertät entwickelt sich ein neuer Mensch: Auch wenn der Körper und die Seele dieselben bleiben, entsteht eine ganz andere Person, ein gänzlich anderer Geist, ein ganz neues Seelendasein.

Nach der Pubertät ist der Mensch wie verwandelt, er wurde vom hässlichen Küken zum stolzen Schwan oder vom plumpen Stein zum funkelnden Diamanten. Allerdings nur, wenn die seelische Verwandlung ohne Probleme von außen vonstattengehen durfte und konnte.

Dieses Geschenk können Eltern ihren Kindern machen – was allerdings nicht so einfach ist, denn oft fangen mit der Pubertät der Kinder in vielen Familien die Probleme erst an. Erst in dieser Phase verlieren manche Eltern ihre vermeintliche Autorität und können diesen Umstand nur schwer akzeptieren.

Kinder sind nie das Eigentum ihrer Eltern – niemals. Eltern sollen ihre Kinder nur geleiten und sie in die richtige Richtung lenken, aber nicht über ihr Dasein bestimmen!

Während der Pubertät passiert so vieles im Körper. Es passiert so vieles im Geist und so vieles in der Seele. In dieser Zeit muss der Jugendliche die Möglichkeit haben, oft und viel in sich hineinzuhorchen. Er muss sich mit seinem Inneren in jeder Hinsicht auseinandersetzten, denn alles wandelt sich mit einem Mal. Die Eltern, aber auch jeder andere Erwachsene sollte dies respektieren und achten. Er sollte diese innere Entwicklung des jungen Menschen durch äußere Stabilität und Ruhe unterstützen. Das ist die Liebe zu einem Kind. Das ist die Liebe zu einem Jugendlichen. Das ist die Liebe zum Wandel des Lebens.

Menschen, die eine schöne Jugendzeit verbracht haben, konnten in Ruhe aus ihrem kindlichen Kokon schlüpfen. Sie konnten sich in aller Ruhe mit der neuen Lebenssituation auseinandersetzen und geregelt erwachsen werden. Die erste große Herausforderung, das Erwachsenwerden, ist ihnen gut geglückt. Dies verschafft ihnen Vertrauen ins Leben. Dies verschafft ihnen Stärke und Kraft, um die Unliebsamkeiten des Lebens meistern zu können. Dies hat sie erfahren lassen, dass große Hürden im Leben mit Ruhe und Gelassenheit umschifft werden können.

Eine schöne und gute Jugendzeit ist die beste Startposition für das spätere Leben.

Die schwierige Jugendzeit

Menschen mit einer schwierigen Jugendzeit haben einen schwereren Start ins Erwachsenendasein. Sie müssen sich mehr Problemen stellen und mehr Schwierigkeiten meistern. Sie haben nicht die Möglichkeit, in Ruhe den eigenen körperlichen, geistigen und seelischen Wandel zu vollziehen. Zu viele Nebenschauplätze lenken sie immer wieder ab, und zu viele Schwierigkeiten kreuzen ihren Weg. Ihnen fehlen später die Sicherheit und das Vertrauen, dass alles gut wird.

Auch diese Jugendlichen sind erwachsen geworden, doch den Preis für die Unruhe in dieser wichtigen Phase bezahlen sie lange – wenn nicht ein Leben lang.

Endlich erwachsen zu sein, das wünschen sich vor allem diejenigen, die eine schwere Kindheit durchgemacht haben. Sie wollen endlich das machen dürfen, was ihre Eltern machen. Kinder brauchen die Liebe ihrer Eltern, nichts ist so wichtig wie deren Liebe. Sie versuchen alles, um die uneingeschränkte Liebe ihrer Eltern zu bekommen. Wenn das Kind nun langsam zum Erwachsenen wird, dann sucht der Jugendliche erst recht die Liebe und Bewunderung der Eltern. Mädchen suchen diese vor allem beim Vater, ist er doch der erste Mann in ihrem Leben. Jungen erhoffen sich diese von ihrer Mutter, der ersten Frau in ihrem Leben. Hier geht es nicht um sexuelle Gefühle oder Wünsche, sondern um das Gefühl, von dem Elternteil, das stellvertretend für das andere Geschlecht steht, geliebt, geachtet und respektiert zu werden. Mütter, die dies ihren Söhnen, und Väter, die dies ihren Töchtern geben, sorgen für Vertrauen in das andere Geschlecht.

Bekommt ein Jugendlicher dies nicht, zweifelt er oft Jahre an der eigenen Person. Die Zweifel betreffen Aspekte wie Schönheit, Stärke, Respekt, Auftreten, Intelligenz, Mut, Reife, Weisheit usw. Kurz gesagt, das eigene Selbstbewusstsein des jugendlichen Menschen leidet wahrscheinlich enorm darunter.

Eine problematische Jugend kann dazu führen, dass der Mensch immer wieder an sich selbst zweifelt. Schließlich hat er nie die Bestätigung seiner selbst von den Eltern oder anderen wichtigen Bezugspersonen bekommen. Warum sollte ihn dann jemand anderes schätzen? Damals war er kein »Schatz«, warum sollte er heute einer sein? Auch wenn es gelingt, diese Zweifel mit der Zeit zu bekämpfen, bleiben sie oft ein Leben lang. Bei manchen Situationen treten sie plötzlich – auch nach Jahren – wieder in den Vordergrund und lassen den Menschen an sich selbst zweifeln.

Eine schwere Jugend sorgt für Selbstzweifel – manchmal mehr, manchmal weniger.

Oft kommt bei Problemen in der Jugendzeit eins zum anderen: Zu den Schwierigkeiten mit den Eltern kommen schulische Schwächen, zu den Problemen in der Freundschaft kommen schwierige Liebesbeziehungen. All dies verunsichert den jungen Menschen und sorgt für weitere Probleme. Die Gefahr eines Teufelskreises ist groß, und manch ein Jugendlicher verzweifelt daran. Das ist kein Wunder, denn die Basis der Probleme – das Fehlen der uneingeschränkten Liebe der Eltern – kann ihn enorm belasten. Dadurch kann er nicht zu sich selbst und zu seiner neu entstandenen Persönlichkeit finden: dem jungen Erwachsenen.

Probleme ziehen Probleme an und eins kommt zum anderen – entweder der junge Mensch kann sich allein daraus befreien, oder er erhält Hilfe von außen, oder er droht daran zu zerbrechen.

Nicht jeder Jugendliche besitzt die innere Stärke, trotz der Schwierigkeiten zu kämpfen. Er benötigt Hilfe von außen. Diese Hilfe kann durch Erwachsene kommen, beispielsweise durch Großeltern, andere Verwandte, Lehrer, Freunde der Familie oder auch durch die eigenen jugendlichen Freunde. Wichtig ist, dass der junge Mensch das Gefühl bekommt, wichtig und liebenswert zu sein. Gibt es allerdings keinerlei Hilfe von außen und nehmen die Probleme überhand, dann ist in diesem Lebensabschnitt die Gefahr der Selbstaufgabe sehr groß. Viele Jugendliche kommen irgendwann an den Punkt, an sich selbst und am Leben an sich zu zweifeln. Viele Jugendliche haben bereits einmal daran gedacht, sich das Leben zu nehmen. So groß kann die Verzweiflung sein.

Im Jugendalter werden die meisten Suizide versucht.[6]

Dieser Umstand ist vor allem traurig, wenn man bedenkt, dass der junge Mensch nur ein bisschen Liebe, Respekt und Achtung gebraucht hätte. Doch wie so viele junge Menschen in der Pubertät wurde er mit seinen Problemen völlig alleingelassen.

Warum schauen wir jungen Menschen dabei zu?
Warum sehen wir das Leid des jungen Nachbarn nicht?
Und wenn wir es sehen, warum tun wir nichts?

Es braucht manchmal so wenig, um diesen jungen Menschen ein Selbstwertgefühl, ein Gefühl der Liebe zu geben. Es braucht

---

6 Siehe hierzu eine Studie der Hochschule Wismar unter http://www.wi.hs-wismar.de/~wdp/2010/1002_Bojack.pdf (Stand 5.12.2013).

manchmal so wenig, um diesen jungen Menschen in ihrem jungen Dasein Achtung und Respekt zu erweisen.

Wenn die meisten Menschen den anderen nur halb so sehr lieben würden wie sich selbst, gäbe es viel weniger Hass im Leben! Liebe deinen Nächsten wie dich selbst – egal, welchen Alters er ist.

Jugend und möglicher Seelenplan

Jugend	Mögliche positive Folgen	Mögliche negative Folgen	Chancen	Gefahren
Glückliche Jugend	richtige Berufs- und Partnerwahl; Möglichkeit zur Entfaltung der eigenen Persönlichkeit; gute seelische Entwicklung	keine Erfahrung im Umgang mit Schwierigkeiten und den Schattenseiten des Lebens (aufgrund der starken Abhängigkeit vom Rat und der Hilfe der Eltern)	ausgeglichene Persönlichkeit; gesundes Körpergefühl; Verantwortungsbewusstsein	Unselbstständigkeit; Naivität
Durchschnittliche Jugend	gutes Selbstwertgefühl; Entwicklung einer eigenständigen Persönlichkeit	schwieriger Umgang mit Problemen; braucht »normales« Leben für Glück	innere Ausgeglichenheit; ruhige Persönlichkeit	Unselbstständigkeit; schlechter Umgang mit Wut
Schwierige Jugend	Möglichkeit, sich bei Schwierigkeiten allein zu behaupten	Probleme mit dem eigenen oder anderen Geschlecht; unüberlegte Partnerwahl	große innere Stärke; Bewusstsein für andere; Tiefgründigkeit	Suchtverhalten; Aggressionen; Suizidversuche; kein Selbstwertgefühl; Selbstzweifel; Hassgefühle; Depressionen

Deine Schulzeit

Wer nichts weiß, der gewinnt keinen Preis.

Im deutschen Schulsystem[7] müssen sich meines Erachtens Kinder viel zu früh für ihre spätere, angepeilte Berufslaufbahn entscheiden. Im Prinzip wird diese Wahl bereits in der Grundschule erwartet, zu einem Zeitpunkt also, wo viele Kinder zunächst völlig überfordert mit der neuen Lernsituation sind. Im Kindergarten und in den ersten Schuljahren geht es beim Lernen vorrangig um Spiel und Spaß. Doch mit der Zeit werden die Lobreden, Sternchen und Aufkleber in den Heften weniger und der Stress und der Druck nehmen zu. Irgendwann wird das eigene Lernverhalten durch Noten bewertet, die jedoch nur die Leistung des Kindes berücksichtigen, individuelle Faktoren aber außen vor lassen.

Ein Großteil der achtjährigen Kinder wird in der Schule völlig überfordert.[8]

Das Kind denkt in diesem Alter in erster Linie noch ans Spielen und dadurch sind Benotungen und Bewertungen der Lehrer eher ernüchternd. Die sorgenfreie Kindheit endet allmählich. Verlangt werden nun Disziplin, Perfektion und Erfolg.

---

7 Einen guten Überblick zu diesem Thema bietet die folgende Studie des Statistischen Bundesamtes: https://www.destatis.de/DE/Publikationen/Thematisch/BildungForschung-Kultur/Schulen/BroschuereSchulenBlick0110018129004.pdf?__blob=publicationFile (Stand 5.12.2013).
8 Ausführlicher dazu siehe den Artikel unter http://www.tagesspiegel.de/berlin/schule/ueberforderte-kinder-eltern-und-aerzte-warnen-vor-frueheinschulungen/6968890.html (Stand 5.12.2013).

Für die meisten Kinder kommt der Einschnitt in Richtung Erfolgsdruck viel zu früh.

Das Kind muss lernen, sich mit anderen zu messen. Es wird bewertet und in vorgegebene Schubladen gesteckt: »Du bist ein guter Schüler. Du bist ein schlechter Schüler.« Doch so einfach ist der Mensch nicht – und seine Seele erst recht nicht!

Nach diesem überholten System müssen bereits die Eltern für ihr Kind entscheiden, welche Schullaufbahn und im Prinzip welchen Berufsbildungsweg ihr Sprössling später wählen soll. Sicherlich gibt es auch den zweiten Berufsbildungsweg oder die Möglichkeit, später noch in höhere Schulen zu wechseln, doch der Weg ist unweigerlich schwerer und anstrengender. Noch dazu ist er eigentlich unnötig, wenn das hiesige Schulsystem ein anderes wäre.

In unserem Schulsystem versagen nämlich nicht nur Kinder, die einen geringeren IQ haben, sondern auch Kinder mit einem sehr hohen IQ.

Besonders hochbegabte Kinder passen oft nicht in das System, da sie eine sehr ausgeprägte Persönlichkeit haben und ihre Seele nur schwer mit der »Norm« zurechtkommt.

Hochbegabte Kinder sind sehr präsent. Sie sind immer wach und aufmerksam. Manchmal haben sie auch zu viel Aufmerksamkeit, sodass sie sich leicht ablenken lassen. Daher ist für die Eltern die Hochbegabung oft eher ein Fluch als ein Segen.

Doch kommen wir zurück zum deutschen Schulsystem: Die Grundschullehrer haben die Aufgabe, in erster Linie die Hauptschulen, danach die Realschulen und erst zum Schluss die Gymnasien zu füllen. Dieses System empfinde ich persönlich als äußerst kinderfeindlich, denn es sorgt dafür, dass jede Menge Potenzial zerstört wird. Auch die Politik tut sich damit keinerlei Gefallen, denn viele Genies gehen der deutschen Wirtschaft verloren, da sie wegen Unterforderung ihr eigentliches Potenzial niemals entfalten können und werden.

Schule ist eine Pflicht – doch sie sollte nicht als solche empfunden werden. Dennoch ist der Unterricht meist nur anstrengend und oft sehr ermüdend für die Schüler. Je nach Lehrer macht der Unterricht mal mehr, mal weniger Spaß und kann zuweilen sogar als rein frustrierend empfunden werden. Zudem findet sich in der Grundschule leider ein Überhang an weiblichen Lehrkräften, sodass der männliche Einfluss in dieser Zeit viel zu kurz kommt. Diese wäre jedoch gerade bei Kindern, die ohne Vater oder männliche Bezugsperson aufwachsen mussten, besonders wichtig.

Während der Schulzeit sind die Eltern enorm gefordert. Hier zeigt sich deutlich, welche Eltern ihre Kinder bedingungslos lieben und welche ihre Kinder eher als Mittel zum Zweck sehen. Ich persönlich bin der Meinung, dass mehr als die Hälfte aller Kinder eine besondere Unterstützung durch die Eltern brauchte, um im deutschen Schulsystem bestehen zu können. Viele Kinder brauchten zusätzlich eine spezielle Förderung, doch nicht jedes Elternpaar kann sich dies finanziell leisten. Die vielen Scheidungen sorgen hier zusätzlich für vorprogrammierte Probleme.

Schafft es ein Kind auf das Gymnasium, ist der Stress noch lange nicht vorbei, denn nun nimmt der Erfolgsdruck erst recht zu. Fangen beispielsweise in der fünften Klasse sechs Schulklassen mit über 30 Kindern an, sind es beim Abitur etwa drei Klassen mit deutlich weniger Schülern, die ihren Hochschulabschluss schaffen. Ein richtig guter Schnitt gelingt nicht jedem, sodass in diesem Fall die Wahl eines Studienfachs eingeschränkt wird. Dies ist besonders in Deutschland problematisch, da hier weniger die menschliche und seelische Eignung, sondern viel eher das Zeugnis zählt. So braucht sich niemand zu wundern, warum es so viele schlechte und erfolglose Berufstätige gibt.[9] Nehmen wir zum Beispiel das Medizinstudium, für das man einen sehr guten Schnitt benötigt. Es ist nun anzunehmen, dass viele 1,0er-Abiturienten sich allein aus dem Grund für ein Medizinstudium entscheiden, weil sie glauben, dass sie ihren guten Schnitt so am besten »nutzen« können. Dadurch nehmen sie allerdings anderen Abiturienten ohne diesen perfekten Schnitt die Chance auf ein derartiges Studium, obwohl für diese der Beruf eines Arztes vielleicht eine Berufung gewesen wäre. Diese müssen nun sehr viele Nachteile auf sich nehmen, um ihren Traumberuf zu erreichen.

Nicht die Noten sollten bei der Berufswahl entscheidend sein, sondern vielmehr die menschliche, geistige und seelische Eignung.

9 Ausführlicher dazu siehe den Artikel unter http://www.presseportal.de/pm/23902/1194602/mehr-als-ein-drittel-der-deutschen-haetten-lieber-einen-anderen-beruf-gewaehlt (Stand 5.12.2013).

Die erfolgreiche Schulzeit

Manche Kinder bringen während ihrer Schulzeit nur gute Noten mit nach Hause, andere legen auch mal eine schlechte Note vor. Beide schaffen aber Klasse um Klasse, ohne dass es größere Probleme gibt, sodass man in beiden Fällen von einer erfolgreichen Schulzeit sprechen kann. Im Prinzip ist es nämlich völlig egal, welche Noten der Schüler im Laufe der Jahre erhält, solange die Abschlussnoten stimmen. Kein Arbeitgeber lässt sich schließlich die Zeugnisse der fünften bis neunten Klasse vorlegen. Von Interesse sind später nur der Schulabschluss und das Abschlusszeugnis.

Solche Schüler haben ihre Schulzeit meist ohne extreme Belastungen hinter sich gebracht. Sie konnten noch einen Teil ihres Kindseins bewahren und mussten sich nicht übermäßig für die Schule verausgaben. Sie konnten neben der Schule auch andere Interessen verfolgen. Manchmal mussten sie zwar etwas mehr tun, dafür gab es aber auch Phasen, wo ihnen etwas weniger abverlangt wurde.

Doch diese Gruppe wird im deutschen Schulsystem leider immer kleiner – es sind einfach zu viele Voraussetzungen und Anforderungen zu erfüllen. Eine der wichtigsten Voraussetzungen ist dabei das familiäre Umfeld, denn die Familie ist die Basis eines Kindes. Sein Zuhause ist sein Rückhalt bei Schwierigkeiten und bei Ärger.

Kinder mit einer glücklichen Kindheit haben es in der Schule leichter.

Dies kann man zumindest vermuten, da sich das Kind, wenn es im eigenen Elternhaus kaum Probleme gibt, besser auf seine schulischen Leistungen konzentrieren kann. Es muss sich nicht um andere Dinge kümmern, es muss sich keine Sorgen machen. Es ist gedanklich frei und unbelastet. Es kann sich auf seine eigenen Aufgaben konzentrieren und wird nicht ständig abgelenkt.

Leider bekommen viele Eltern diese Basis nicht hin, oder es ist ihnen aufgrund bestimmter Umstände nicht möglich. Dies kann viele Ursachen haben, wie etwa finanzielle und gesundheitliche Gründe oder aber auch zwischenmenschliche Probleme, wie zum Beispiel bei einem Paar, das viel zu früh Kinder bekommen hat, obwohl die Partnerschaft selbst nicht stabil und sicher eingerichtet war, oder wie bei einem Paar, das nur ihren Kindern zuliebe zusammen ist, obwohl sie füreinander nichts mehr empfinden.

Ein Kind ist für jede Partnerschaft eine Herausforderung, denn es ist sozusagen das fünfte Rad am Wagen.

Gibt es noch weitere »Störfaktoren« in der Beziehung, dann sind Streitereien vorprogrammiert. Für ein Kind braucht man neben viel Liebe in erster Linie Zeit. Dies bedeutet nicht, dass man Vollzeitmutter oder -vater sein muss, aber man muss erkennen können, wann das Kind Hilfe braucht. Man muss sein Kind beobachten und ein Gefühl für seine Bedürfnisse haben. Man muss für sein Kind erreichbar sein. Eltern müssen nicht ständig körperlich präsent sein, aber sie müssen möglichst immer seelisch für ihre Kinder da sein.

Das ist notwendig, wenn die Kinder klein sind, aber ebenso, wenn sie fast erwachsen sind. Immer wieder können Konflikte auftreten und Unsicherheiten entstehen, bei denen das Kind den Rat und die Hilfe der Eltern braucht.

Kinder brauchen Eltern, die präsent sind – nicht unbedingt körperlich, aber seelisch.

Viele Kinder bekommen von zu Hause jedoch zu wenig Rückhalt, weil die Eltern zu sehr mit sich selbst beschäftigt sind – mit sich selbst und ihren eigenen Problemen. In solch einer Situation bieten sie keinen Halt für ihre Kinder. Die Kinder werden emotional sich selbst überlassen und ziehen sich mit ihren Problemen zurück, die sie aber allein nicht lösen können. Dies finde ich sehr traurig, denn es gibt keine verantwortungsvollere Aufgabe im Leben als das »Elternsein«!

Die beste Basis für eine gute und erfolgreiche Schulzeit, die Eltern ihren Kindern bieten können, beinhaltet folgende mögliche Faktoren:

- eine gute Beziehung zum Partner
- ein glückliches Leben in geordneten und klaren Verhältnissen (als Vorbild für das Kind)
- Präsenz, wann immer es machbar ist, wenigstens aber eine permanente Erreichbarkeit eines Elternteils bei Problemen
- Offenheit und Aufmerksamkeit für das eigene Kind, für seine Bedürfnisse, Interessen, Wünsche und Ideen
- die Fähigkeit, das Kind nicht mit den eigenen Sorgen zu belasten

- ein übersichtliches Freizeitprogramm für das Kind
- genügend Freiraum für die Entwicklung des Kindes unter Wahrung gewisser Grenzen: nicht nur Druck von oben, sondern ein harmonisches Miteinander

Warst du ein guter Schüler, dann bist du ohne extremen Aufwand durch die vielen Schuljahre gelangt und hast deine Schulzeit erfolgreich abgeschlossen. Du hattest aber auch die Gelegenheit, dich auf dich selbst zu konzentrieren. Eine solche Schulzeit ist eine gute Basis für dein späteres Berufsleben. Du gehst gelassener in Situationen, in denen du dich beweisen musst, denn du weißt aus Erfahrung: In der Ruhe liegt die Kraft.

Ein erfolgreicher Schüler ist am Ende seiner Schulzeit seelisch, geistig und menschlich ausgeglichen.

Wenn du eine gute Schulzeit hattest, weil dein Elternhaus ein Ort war, an dem du dich wohlgefühlt hast, dann danke deinen Eltern, dass sie dir diese Ruhe ermöglicht haben, mit der du deine Ziele nun leichter erreichen kannst.

Die katastrophale Schulzeit

Kinder mit vielen Problemen außerhalb und im Umfeld der Schule, sind oft mit anderen Dingen belastet und können sich nicht auf die Prüfungen und das Lernen konzentrieren. Dies betrifft vor allem seelisch belastete Kinder. Dazu können Scheidungskinder zählen, oder Kinder von streitenden, ihre Ehe zwanghaft aufrechterhaltenden Eltern. Aber auch andere Umstände können die Seele eines Kindes belasten, wie zum Beispiel Geschwisterkonflikte, finanzielle Not, Krankheiten in der engsten Familie oder familiäre Gewalt.

In diesem Fall kreisen die Gedanken – möglicherweise auch nur unterbewusst – immer wieder um das belastende Thema. Die Seele ist blockiert, ebenso das körpereigene Energiesystem. Volle Leistung ist in diesen Fällen nicht möglich, denn das Kind kann mit seinen jungen Jahren noch nicht mit Schwierigkeiten umgehen, da es das noch nicht wirklich gelernt hat.

Familiäre Schwierigkeiten können Kinder überfordern, sodass die Konzentrations- und Lernfähigkeit zu kurz kommt.

Bis das Kind gelernt hat, mit seinen außerschulischen Problemen umzugehen, ist das schulische Dilemma meist zu weit fortgeschritten, um noch etwas zu retten. Diese Kinder kommen aus dem Teufelskreis nicht mehr heraus: Sie beugen sich zwar dem starken Druck und investieren den Großteil ihrer Freizeit in die Schule, doch die großen Lücken, die über mehrere Schuljahre entstanden sind, können sie nicht ausreichend füllen. Wenige Lehrer nehmen sich die zusätzliche Zeit, um solchen Kindern Hilfestellungen zu geben, und auch das Schulsystem hat keinerlei Interesse daran, diese Schüler aufzufangen. Die schulische Laufbahn droht zu scheitern, und auch der Schüler oder die Schülerin sieht meist keine Möglichkeit mehr, aus dem Tief wieder hinauszugelangen. Manchmal hilft dann nur noch ein Schulwechsel.

Ein Schulwechsel sorgt für neue Energie beim Schüler, sodass ein Neuanfang leichter glücken kann.

Meist wird diese Entscheidung jedoch erst sehr spät getroffen, da das Kind Angst hat, seine Freunde durch den Wechsel zu verlieren. Daher scheuen viele schlechten Schüler diesen Schritt und wagen ihn erst als letzten Ausweg, wenn nichts anderes mehr geht.

Im Idealfall läuft in der neuen Schule alles besser. Plötzlich scheint dem Schüler alles viel leichter zu fallen, die Regeln und Bestimmungen werden von ihm nur so aufgesogen und richtig wiedergegeben. Warum ist das so? Ganz einfach: Wenn alles gut läuft, hat der Schüler einen Lehrer, den die Vorgeschichte oder die alten Noten des jungen Menschen nicht interessieren, und er geht unvoreingenommen auf den neuen Schüler zu. Schließlich kommt er von außen in eine bestehende Klasse und er bedarf daher einer besonderen Förderung. Nach einer gewissen Zeit hat der Schüler daher das Gefühl, wieder wichtig und beachtet zu sein. Unter dieser Behandlung blüht er langsam auf und kann wieder Freude am Lernen und an besseren Noten finden.

Durch einen positiven Schulwechsel lernt ein Kind, wie man sich aus unangenehmen Situationen befreien kann.

Das Kind hat gelernt, dass man Probleme meistern kann – auf die eine oder andere Weise. Im späteren Leben kann es daher mit Schwierigkeiten leichter umgehen. Es weiß nun, dass es etwas bringt, sich durchzubeißen. Diese Erfahrung hat den jungen Menschen für sein gesamtes Leben geprägt.

Schwierig wird es, wenn der junge Mensch aus seiner Schulmisere nicht herauskommt und auch keinerlei Hilfestellung von außen erhält. Diese Menschen »lernen«, dass sich niemand für sie interessiert, und irgendwann haben sie selbst kein Interesse mehr an sich und ihrem Leben. Die Anstrengung ist es ihnen nicht wert, und sie gelangen zu der Meinung, dass sie auch so durch das Leben kommen können – ohne gut in der Schule gewesen zu sein und ohne einen guten Schulabschluss gemacht zu haben. Sie merken, dass sie auch existieren – und dies ist wahrhaftig der richtige Ausdruck dafür –, wenn sie jeden Tag nur »rumgammeln« und nichts tun. In Extremfällen entwickeln diese jungen Menschen einen Hass auf ihre Umwelt. Das Ausleben von Gewalt und Kriminalität wird zu ihrer Art des Heimzahlens und zu ihrer Rache an der Umwelt.

Auch wenn jeder Mensch für sein Glück selbst verantwortlich ist, so trägt immer auch die Umwelt einen Teil dazu bei, wenn es einem Menschen schlecht geht und er sich im Stich gelassen fühlt.

Dies soll weder Gewalt noch Kriminalität rechtfertigen und schon gar nicht entschuldigen. Aber es kann eine mögliche Erklärung sein, denn wenn Menschen seelisch alleine gelassen werden, fällt es ihnen schwer, immer noch seelisch zu agieren und positive Gefühle für ihre Mitmenschen zu empfinden.

Jeder Mensch dieser Erde hat eine Verantwortung für sich und sein Umfeld: Er muss hinsehen und darf sich nicht einreden, dass ihn die Dinge um ihn herum nichts angehen.

Alles, was um uns herum passiert, geht uns etwas an. Alle Menschen, mit denen wir in Kontakt kommen, sollten uns interessieren. Wir sehen, hören und berühren sie – zumindest immer energetisch. Wir sind eins mit ihnen, denn sie atmen dieselbe Luft wie wir, treten auf dasselbe Stück Erde und leben, denken und fühlen wie wir. Es sind Menschen und es sind Seelen – so wie wir!

Sieh die Bedürfnisse aller Menschen um dich herum, denn es sind deine eigenen – vielleicht nicht in diesem Augenblick, aber eines Tages werden es deine Bedürfnisse sein!

Fühle den Schmerz, den andere Menschen erleiden. Versetze dich in ihre Lage. Empfinde etwas für sie, und sieh niemals einfach nur weg. Denn eines Tages werden sie sonst ihren Blick von dir abwenden. Eines Tages wird es dein Schmerz sein, für den sich niemand interessiert. Dein Schmerz, den du dann allein erleiden musst, und das nur, weil du damals meintest, es wäre nicht dein »Schmerz«, es wäre nicht dein »Problem«, es wäre nicht deine »Angelegenheit«.

Sieh, achte und respektiere alle deine Mitmenschen.

Wenn niemand da ist, der sich eines jungen Menschen annimmt, dann übernimm du diese Rolle. Wenn es die Eltern nicht kümmert, ob ihr Kind glücklich oder traurig ist, dann sorge du für sein Glück. Es bedarf so wenig, um jemandem zu helfen. Du brauchst dafür kein Geld, du brauchst dafür nur Zeit und Liebe – nicht mehr und nicht weniger!

Schulzeit	Mögliche positive Folgen	Mögliche negative Folgen	Chancen	Gefahren
Erfolgreiche Schulzeit	sehr guter Start ins Berufsleben durch die Möglichkeit, sich auf das Wesentliche konzentrieren zu können	Drang, im Leben immer das Beste leisten zu müssen; Belastung durch enormen Erfolgsdruck	Stabilität im Beruf; Führungspersönlichkeit; Verantwortungsbewusstsein; Ausgeglichenheit; in sich ruhende Persönlichkeit	Perfektionismus; Burnout-Syndrom; Stress; Unterforderung
Durchschnittliche Schulzeit	gute seelische Entwicklung; Möglichkeit, seine Kindheit und Jugend auszuleben	Traumberufswahl evtl. nicht möglich	Ausgeglichenheit	Unterforderung; geringe Belastbarkeit unter großem Stress
Schwierige Schulzeit	Erfahrung im Umgang mit Problemsituationen	falsche Berufswahl, da Traumberuf nicht erreichbar; Übertragung der Jugendprobleme auf das spätere Leben	Zielorientiertheit; Belastbarkeit; gute Stresstoleranz; gutes Durchsetzungsvermögen; Standhaftigkeit	Verbitterung; Aggressionen; Hassgefühle

Deine Berufung

Nur der, der seinen Platz im Leben findet,
ist irgendwann zu Hause.

Je nachdem, wie erfolgreich deine Schulzeit und dein Schulabschluss waren, kannst du den Beruf deiner Wahl ergreifen – oder auch nicht. Wenn du einen bestimmten Beruf wählen möchtest, dann versuche alles, was in deiner Kraft liegt, um ihn zu ergreifen.

Doch wenn es dir wegen jeder Menge Hindernisse nicht gelingt, dann lasse diesen Berufswunsch los. Orientiere dich neu, denn sonst hältst du an etwas fest, was nicht deine Bestimmung ist. Dann sollst du diesen Beruf vielleicht nicht wählen. Dann hast du einst bei der Planung deines Seelenweges eine andere berufliche Aufgabe gewählt. Denke immer daran, dass du hier auf der Erde bist, um deinem Seelenweg mit all seinen Aufgaben und Stationen zu folgen. Alles, was passiert, passiert zu Recht, es sei denn, du hast dich in etwas verrannt, was nicht deine Bestimmung ist.

Wenn dein Traumberuf nicht erreichbar ist, dann öffne all deine Sinne, denn dein eigentlicher Beruf wartet nur darauf, von dir entdeckt zu werden. Er steht bereits vor deiner verschlossenen Tür: Öffne sie, und sieh nach, was sich dahinter verbirgt.

Manche Menschen finden ihren »Seelenberuf« – den Beruf, den sie einst als Seele gewählt haben – erst nach vielen verschiedenen beruflichen Stationen. Sie finden ihn nicht sofort, sondern müssen mehrere Berufe erlernen, um dorthin zu gelangen, wo ihre eigentliche Bestimmung liegt.

Der erste Beruf, den du dir erwählst, muss nicht unbedingt der richtige sein, aber er kann trotzdem zu deinem Seelenweg gehören.

Daher kann es sein, dass du erst andere berufliche Erfahrungen sammeln musst, ehe du an dein berufliches Ziel gelangst. Alles, was du lernst, bringt dich weiter. Es bringt dich einen Schritt vorwärts auf deinem Seelenweg. Nichts, was du gelernt hast, war umsonst, denn auch scheinbar unwichtige Dinge können in den verschiedensten Lebensbereichen von Nutzen sein.

Wissen ist eine gute Eigenschaft. Wissen bringt dich immer weiter.

Besonders in der heutigen Zeit kommt man nur mit viel und mit besonderem Wissen dorthin, wo die meisten Menschen hin möchten: an die Spitze. Wenn du mehr weißt und kannst, als die Menschen um dich herum, dann hast du die Möglichkeit, dich von der Masse abzuheben, dann stehen dir alle Türen offen. Wissen ist gut, es ist energetisch rein.

Wissen ist ein Schatz, den du in dir trägst, und den dir keiner nehmen kann.

Um beruflich erfolgreich zu sein, ist Wissen unverzichtbar. Zu viele Arbeitnehmer wollen die gleiche Position bekommen und bewerben sich für dieselben Stellen. Und wenn sie eine Stelle bekommen, sind dort viele Menschen, die der gleichen Tätigkeit nachgehen. Es gibt unendlich viel Konkurrenz. Wenn du aber mehr Wissen hast als die anderen, wirst du ihnen immer einen Schritt voraus sein. Dann bist du beruflich gesehen wertvoll. Dies sagt allerdings nichts über deine menschlichen und seelischen Qualitäten aus. Menschen, die viel wissen, müssen nicht die besseren Menschen sein.

Im Idealfall wissen sie aber besser, was Menschlichkeit und was Se(e)ligkeit ausmacht. Diese Menschen machen sich um vieles zusätzliche Gedanken. Sie hinterfragen alles. Sie wollen wissen, warum und wieso etwas geschieht, und sie beschäftigen sich intensiver mit den seelischen Aspekten des Lebens.

Wisse, und du wirst erfolgreich sein.

Je mehr du weißt, desto weiter öffnen sich deine Sinne. Es öffnen sich deine seelischen Poren und immer mehr Lebensbereiche werden sich dir erschließen. So gelangst du von einem Erfahrungsschatz zum nächsten, denn alles baut aufeinander auf. Wenn du dich also dem weltlichen Wissen öffnest, dann erschließt sich dir irgendwann auch das himmlische – oder seelische – Wissen. Denn unser seelisches Dasein ist mit der menschlichen Welt verknüpft. Es öffnet sich der Schatz des seelischen Wissens tief in deinem Inneren. Wenn du zu diesem einzigartigen Wissen deiner Seele gelangst, wenn es dir gelingt, an dieses umfassende Wissen heranzukommen, dann wirst du ein besonderer Mensch sein.

Durch dein seelisches Wissen bist du in der Lage, mit einer Tiefe, mit einer Hingabe und mit all deiner Liebe durchs Leben zu gehen.

Du wirst anders sein als zuvor, denn alles, was du tust, wirst du mit Tiefe, Hingabe und Liebe tun. Auch in deinem Beruf wirst du so agieren, und dann wirst du wissen, welcher Beruf zu deinem Seelenweg gehört. Du wirst alles erkennen, was zu dir gehört. Dein Weg wird auf einmal viel klarer und leichter sein, denn dann bist du bereits auf deinem besonderen und einzigartigen Weg.

Der erfolgreiche Beruf

Die richtige Berufswahl ist entscheidend, besonders wenn du finanziell auf dich selbst gestellt bist, dann wirst du sehr viel Zeit in deinem Leben mit Arbeiten verbringen. Wenn du in deinem Beruf erfolgreich sein willst, dann musst du die richtige Wahl getroffen haben, denn andernfalls wirst du niemals richtig erfolgreich sein.

Dies kann nicht anders sein, denn sonst würde dir deine Seele durch den Misserfolg zu verstehen geben, dass du im falschen Beruf bist.

Wenn der Mensch sich auf seinem Seelenweg befindet, verläuft alles gut. Sicher, es gibt immer mal wieder kleine Schwierigkeiten und Probleme, denen er sich stellen muss, doch die wichtigen Dinge im Leben laufen in diesem Fall gut und erfolgreich.

Alles, was gut läuft, ist voll positiver Energie, denn das ist die Seelenenergie.

Seelenenergie sorgt für Erfolg auf ganzer Linie. Es sorgt für Hilfe, für Frieden und für Liebe in deinem Leben. Seelenenergie ist die beste Energie, die es gibt. Doch dazu später mehr.

Alles, was schlecht läuft, ist mit negativer Energie behaftet, denn es entspricht nicht deiner Bestimmung.

Alles, was falsch läuft, sorgt für Probleme. Es zwingt uns zum Hinschauen und zu Veränderungen. Es erfordert unsere Handlung. Es fordert uns heraus.

Wenn du glücklich und zufrieden mit deinem Beruf bist, dann ist dies sehr viel wert. Der Beruf sollte dir Freude machen und dich erfüllen. Jeder Mensch sollte gerne zur Arbeit gehen, denn nur so kann er seine Arbeit gut machen.

Wenn du ungerne zur Arbeit gehst, dann gibt es drei mögliche Ursachen, woran dies liegen könnte:

- Du hast den falschen Beruf gewählt.
- Du hast den richtigen Beruf gewählt, aber die falsche Arbeitsstelle.
- Du hast eine falsche Einstellung zum Arbeiten an sich.

Arbeiten ist nichts Schlechtes. Es sorgt für deinen Lebensunterhalt, es sorgt für Geld und es sorgt für ein angenehmes Leben.

Den ganzen Tag nichts zu tun und trotzdem Ansprüche an das Leben zu haben, ist keine gute Lebenseinstellung.

Erwarte nicht, dass andere für dich sorgen – weder deine Familie, Freunde und Bekannte noch dein Partner oder der Staat. Du musst für dich selbst sorgen, denn du bist ein eigenständiges Individuum. Wenn du mit deinem Partner oder deiner Partnerin eine Vereinbarung getroffen hast, dass er oder sie sich um das Geldverdienen kümmert und du dich um die Kinder und den Haushalt, ist das völlig in Ordnung. Aber bedenke: Die Gegebenheiten eures Lebens können sich irgendwann ändern. Es könnte sein, dass eure Partnerschaft zerbricht, einer von euch seine

Arbeit verliert oder durch eine Krankheit oder einen Unfall eine neue Situation entsteht. Daher versuche, dich niemals dauerhaft abhängig von jemandem zu machen – auch nicht vom Staat. Denn wenn man sich hier erst einmal in eine Abhängigkeit begeben hat, ist es oft sehr schwer, aus dieser wieder herauszukommen. Der Staat kann dir in Extremfällen Hilfe leisten, aber er kann nicht dein Leben verändern. Du musst selbst an dir arbeiten und dich in deinem Leben neu sortieren.

Der erfolgreiche Beruf ist der Beruf deiner Seele. Es ist der Beruf, den du liebst und gerne ausführst.

Wenn jemand erfolgreich in seinem Beruf ist, gibt ihm das Bestätigung, Anerkennung und Sicherheit für sein gesamtes Leben. Im Beruf verbringt er viel Zeit seines bewussten Daseins und daher sorgt die richtige Berufswahl mit dem entsprechenden Erfolg für einen guten seelischen Ruhepol. Der richtige Beruf sorgt zusätzlich für Selbstbewusstsein, welches in dem Maße steigt wie der Erfolg. Menschen mit dem richtigen Beruf sind im Leben meist erfüllt und haben es dadurch in all ihren Lebensbereichen leichter, wie z.B. in der Partnerschaft oder in der Familie. Schließlich sorgt der seelisch richtige Beruf für eine solide und beständige Basis im Leben.

Durch unseren Beruf bringen wir uns in die Gesellschaft ein. Wir geben der Allgemeinheit etwas. Jeder Beruf ist dabei wichtig. In manchen Berufen trägt man mehr für die Allgemeinheit bei, in manchen weniger, aber dennoch ist ein Beruf immer ein Dienst für andere Menschen. Nicht jeder Mensch kann alles können und sich auf alles konzentrieren, und es ist wundervoll, dass es dieses menschliche Netzwerk der gegenseitigen Hilfe gibt. Kein Beruf ist dabei wertvoller als ein anderer, auch wenn manche Berufe ein höheres Gehalt bedeuten. Auch der millionenschwere Manager braucht jemanden, der ihm Brötchen backt, und jemanden, der seinen Müll entsorgt.

Jeder Beruf ist Teil des großen menschlichen Netzwerks und gleich wertvoll – unabhängig vom Gehalt.

Leider haben manche Menschen diese Tatsache aus den Augen verloren und meinen, wichtiger als andere zu sein. Doch indem das Leben denjenigen immer wieder auf den Boden der Tatsachen zurückholt, zeigt es, dass Arroganz nicht ergiebig ist.

Schade ist auch, wenn Menschen vergessen, dass ihre Arbeit eine Art Dienst darstellt. So arbeiten viele mit Energielosigkeit und lassen ihren Unmut an ihren Kunden, Mitarbeitern und Geschäftspartnern aus.

Zudem gibt es viele Menschen, die immer wieder auf der Suche nach einem besseren Job sind und erst viel zu spät erkennen, wie gut ihr letzter Job in Wirklichkeit war. Wenn etwas bereits gut ist, wird es schwer, noch etwas Besseres zu finden.

Viele Menschen wechseln aus innerer Unzufriedenheit die Arbeitsstelle – dabei sollten sie ihre innere Leere reflektieren und hier nach der Ursache suchen.

Dein Seelenplan

Der falsche Beruf

Nicht jeder Mensch hat das Glück, den richtigen Beruf ergriffen zu haben. Manche arbeiten sogar ihr gesamtes Leben an ihrer seelischen Berufung vorbei. Dieser Umstand ist sehr bedauerlich, sorgt er doch für Unfrieden, Frust und Sinnlosigkeit im Leben.

Das Problem entsteht bereits in der Jugend, da viele jungen Menschen sich zu sehr beeinflussen lassen. Viele Jugendliche werden von ihren Eltern regelrecht entmachtet und bevormundet. Dies geschieht natürlich alles unter dem Deckmantel der »Liebe« und des besseren »Wissens«. Viele Eltern verstehen nicht, dass ihre Kinder eigenständige Individuen mit eigenen Ideen, Wünschen und Bedürfnissen sind. Sie gehen meist der irrigen Annahme nach, ihre Kinder hätten dieselben Interessen wie sie damals. Außerdem hätte ihnen die Erfahrung gezeigt, dass dieser oder jener Beruf Erfolg versprechend ist, und ihre Kinder sollten nun nicht dieselben Fehler machen wie sie einst. Dies mag alles richtig sein, aber die Eltern vergessen dabei mehrere entscheidende Dinge:

Die Zeiten haben sich stark verändert – und damit die Berufsmöglichkeiten. Einige Berufe, die damals erfolgversprechend waren, sterben aus, dafür gibt es viele neue Berufe, deren Namen die ältere Generation vermutlich nicht einmal kennt.

Kinder sind nicht die gleichen Personen wie ihre Eltern. Auch wenn es ihre Nachkommen sind, sind sie eigenständige Persönlichkeiten, Seelen mit eigenen Seelenwegen – und zu diesen zählt natürlich auch der Beruf. Eltern können nicht wissen, welches der richtige Beruf für das eigene Kind ist, denn sie kennen seinen Seelenweg nicht. Nur die Seele selbst weiß, welcher Bestimmung sie folgen muss.

Zur seelischen und persönlichen Entfaltung braucht das Kind Freiraum. Es muss sich entwickeln können. Selbstverständlich nur in einem gefahrlosen Rahmen, aber die falsche Berufswahl gehört normalerweise nicht zu den lebensbedrohlichen Angelegenheiten. Im Gegenteil ist die Gefahr, dass das Kind durch zu viel Beeinflussung eine völlig falsche Berufswahl trifft, ungleich höher, als wenn es tief in sich hineinhorchen und auf die eigenen Gefühle hören kann.

Eltern haben die Aufgabe, bei der Wahl des Berufes den eigenen Kindern beratend zur Seite zu stehen, aber eben nur beratend. Sie können die Vor- und Nachteile eines Berufes aufzählen, allerdings neutral und frei von den eigenen Wünschen. Sie sind ebenfalls dazu da, ihre Kinder beim Einholen von Informationen zu unterstützen. Sie sollten nicht mehr, aber auch nicht weniger tun. So helfen sie ihren Kindern am allerbesten, denn dadurch müssen sich die Kinder nicht auch noch ständig gegenüber ihren Eltern rechtfertigen, sondern können sich voll und ganz auf die Wahl ihres Berufes konzentrieren.

Jedes Rechtfertigen, jeder Kampf gegen äußere Widerstände kostet Kraft, Konzentration und Unmengen an Energie.

In der heutigen Zeit kommt noch ein neues Phänomen hinzu: Der Berufsmarkt wird immer mannigfaltiger, weshalb viele Jugendliche nicht wissen, in welche Richtung ihr Berufsinteresse geht. Viele wählen daher ein »Modestudium« wie BWL, Sport- oder Eventmanagement und schwimmen mit der Masse. Dann stellen sie allerdings fest, dass es nicht das Richtige für sie ist, und wechseln nach einem oder zwei Semestern erneut das Studium – wieder ohne zu überlegen, in welche Richtung der Beruf wirklich gehen soll. So springen sie von einem Fach zum anderen, anstatt wohlüberlegt eine Sache zu Ende zu bringen. Dies birgt die Gefahr, dass der junge Mensch sich daran gewöhnt, bei den einfachsten Problemen oder Unannehmlichkeiten einfach etwas anderes zu machen bzw. aufzugeben und vor den Problemen davonzulaufen.

Menschen, die eine falsche Berufswahl getroffen haben, fühlen sich oft verunsichert. Meist haben sie die vielen positiven Argumente ihrer Eltern, Freunde und anderer Berater im Kopf, fühlen aber, dass etwas nicht richtig ist. Es fühlt sich für sie innerlich falsch an. Dies liegt daran, dass die Seele nicht zufrieden ist mit der Wahl, auch wenn der Kopf, der Verstand oder das Ego ihnen etwas anderes sagt. Irgendetwas stimmt einfach nicht. Bei vielen Personen entsteht eine innere Zerrissenheit, doch nur wenige erkennen auf Anhieb, dass sie die falsche Berufswahl getroffen haben. Die meisten überlegen lange hin und her, bevor sie erkennen, dass sie den Beruf wechseln müssen.

Manchmal ist es trotz der falschen Berufswahl wichtig und richtig, die Ausbildung bis zum Abschluss durchzuhalten.

Denn auch wenn die Berufswahl verkehrt war, kann sie ein Teil des Seelenweges sein. Etwas gegen einen Widerstand durchzuziehen, ist selten verkehrt, schließlich ist das Leben nicht immer ein Zuckerschlecken, und man muss sich immer wieder einmal durchbeißen. Allerdings ist es hier wichtig zu erkennen, ob der falsche Berufswunsch aus dem eigenen Inneren kam oder einem von außen aufgestülpt wurde. Wenn er von innen kam, also von der eigenen Seele, dann ist er Teil des eigenen Seelenplans und sollte unbedingt zum Abschluss gebracht werden, auch wenn es mühsam wird. Wenn der falsche Berufswunsch hingegen von außen kam, dann ist es meist sinnvoller, sich völlig neu zu orientieren – und diesmal ohne eine äußere Beeinflussung.

Menschen, die den falschen Beruf gewählt haben, schwimmen in ihrem Leben ohne einen festen Halt.

Der Beruf ist eine wichtige Basis, ein wichtiger Halt im Leben. Für Männer noch mehr als für Frauen, denn viele Männer brauchen den Beruf als Selbstbestätigung und haben ein Problem damit, wenn sie nicht genug verdienen oder ihre Partnerin mehr verdient. Einen Beruf, der einen nicht ausfüllt, kann man nur kurzfristig ausführen, denn alles widerstrebt einem und genauso wird man die Tätigkeiten auch ausführen. Man zwingt sich dazu und entsprechend schlecht wird das Ergebnis auf Dauer sein, denn der eigene seelische Widerstand wächst, um uns zu zeigen, dass es falsch ist, was wir tun. Anstatt die Arbeit mit Liebe und Achtsamkeit durchzuführen, wird man sie irgendwann mit Frust, manchmal sogar mit Hass und Achtlosigkeit verrichten. Die eigenen Fehler nehmen zu und das gute

Ergebnis nimmt immer mehr ab. Nicht selten ist ein Jobverlust die Folge.

Immer, wenn man einen inneren Widerstand verspürt, ist man auf dem falschen Weg.

Es ist enorm wichtig, sich bei der Berufswahl auf sein Inneres zu besinnen. Wenn jemand Vollzeit arbeitet, verbringt er acht Stunden am Tag mit seiner Arbeit. Zieht man zusätzlich noch die Zeit ab, die ein Mensch zum Schlafen braucht, dann hat man nicht mehr viel vom Leben und dies kann wirklich frustrierend und mühselig sein. Es sind zudem viele, viele Jahre, die man in einem Beruf verbringt.

Wie viele Jahre möchtest du mit etwas Falschem vergeuden? Mit etwas, was dich blockiert, was dich traurig und depressiv macht? Willst du nicht lieber mit Freude und Liebe einer Arbeit nachgehen, die dich erfüllt und dir bestätigt, wie wichtig du für das Leben bist? Sicher gibt es in jedem Berufsleben Phasen, die sehr anstrengend, sehr stressig und sehr belastend sind. Aber du solltest alles Mögliche versuchen, um einen Beruf zu finden, der dir innerliche Freude und Glück bereitet und der dich in deiner Funktion aufblühen lässt.

Der richtige Beruf ist ein positiver Energielieferant – der verkehrte ein unendlich tiefes Energieloch.

Beruf	Mögliche positive Folgen	Mögliche negative Folgen	Chancen	Gefahren
Erfolgreicher Beruf	große innere Zufriedenheit durch Erfolg und Stabilität im Beruf	bei Problemen vorschneller Arbeitsplatzwechsel	Führungspersönlichkeit; Verantwortungsbewusstsein; innere Sicherheit	Erfolgsdruck; Perfektionismus; Burn-out-Syndrom; Stress
Verschiedene Stationen zum Seelenberuf	Möglichkeit, vielfältige Erfahrungen zu sammeln; Abwechslungsreichtum im Berufsleben	Gefahr der Stagnation an der falschen Stelle; erst späte Erfüllung im Berufsleben	Anpassungsfähigkeit bei Veränderungen; hohe Flexibilität; großes fundiertes Wissen	Unsicherheit bei wichtigen Entscheidungen; Existenzängste
Falscher Beruf	Möglichkeit der Erfahrung, besser auf sich selbst zu hören; evtl. bessere finanzielle Sicherheit als im Traumberuf	jahrelanger Frust; fehlende innere Erfüllung; evtl. Jobverlust und häufige Arbeitslosigkeit	Optimismus (trotz falscher Entscheidungen); Erfüllung in anderen Lebensbereichen	innere Negativität; Neid- und Wutgefühle

Deine Partnerschaft

Der Mensch ist nicht zum Alleinsein bestimmt,
sonst geht er irgendwann verloren.

Ein sehr wichtiger Bereich neben dem Beruf ist die Partnerschaft. Eine gute Partnerschaft kann ebenfalls für Sicherheit und Geborgenheit im Leben sorgen. Jedoch wird eine beständige Partnerschaft in der heutigen Zeit immer seltener. Jede dritte

Ehe wird geschieden, oft auch erst nach über zehn Jahren.[10] Die wenigsten Paare finden sich in jungen Jahren und bleiben bis ins hohe Alter zusammen oder bis, wie man so schön sagt, »der Tod sie scheidet«. Was vor vielen Jahren noch undenkbar gewesen wäre – ein langes Singledasein, häufige Partnerwechsel, Trennungen, Scheidungen oder gleichgeschlechtliche Beziehungen –, ist heute normal. Die Lebenseinstellung moderner Menschen hat sich massiv gewandelt. Diese Tatsache birgt einige Vorteile, zum Beispiel, dass dadurch weniger unglückliche Beziehungen zwanghaft aufrechterhalten werden als zu Zeiten unserer Groß- oder Urgroßeltern. Auf der anderen Seite binden sich viele Menschen zu schnell an den falschen Partner, sodass eine lange Ehe oder Partnerschaft gleich bei der ersten Wahl selten geworden ist. Aus diesem Grund hat der Wert einer guten Partnerschaft in vielen Köpfen deutlich verloren. Dies ist sehr schade, denn eines ist gewiss:

Gute und glückliche Beziehungen sind meist die Grundlage eines guten und glücklichen Lebens.

Nichts im Leben gibt mehr Kraft und Halt in schwierigen Phasen als die Rückendeckung des Partners. Der Partner sorgt für den Ausgleich, für die Stabilität und für eine feste Basis im Leben.

Der richtige Partner ist eine unerschöpfliche Quelle der Kraft und Energie.

---

10 Ausführlicher dazu siehe den Artikel unter http://www.focus.de/finanzen/recht/wie-lange-halten-ehen-neue-statistik-die-deutschen-scheiden-sich-seltener_aid_1057471.html (Stand 5.12.2013).

Doch es handelt sich nur dann um eine stabile und gute Partnerschaft, wenn nicht nur einer der beiden Partner energetisch von der Beziehung profitiert. Nur wenn zwei Menschen in einem harmonischen Miteinander durchs Leben gehen, sind sie wie die zwei Hälften eines Ganzen: Sie sind wie Oben und Unten, wie Rechts und Links, wie Adam und Eva oder Romeo und Julia. Der eine gehört einfach zum anderen. Wenn der eine fehlt, dann ist der andere nicht vollständig – es fehlt die andere Hälfte. Dies kann bei Paaren, die etliche Jahrzehnte verheiratet waren, sogar so weit gehen, dass beim Tod des einen der andere innerhalb von wenigen Wochen, Tagen oder auch nur Stunden ebenfalls stirbt.

Eine Partnerschaft, die gut funktioniert, ist wundervoll. Sie ist eine Bereicherung des Lebens, gleichsam Lebenselixier und Lebensenergie. Sie ist das Schönste und Beste, was das Leben zu bieten hat.

Das bedeutet allerdings nicht, dass Menschen, die keine oder keine gute Beziehung führen, nicht glücklich sein können. Aber es ist schwieriger: Der Mensch ist für eine Partnerschaft »gemacht«. Ohne die zwei Teile des Ganzen, ohne Mann und Frau, entsteht kein neuer Mensch. Einer allein kann das Wunder eines neuen Lebens nicht vollbringen. Selbst gleichgeschlechtliche Liebespaare müssen diese Tatsache akzeptieren und sind auf das andere Geschlecht angewiesen, um sich den Wunsch nach Nachwuchs erfüllen zu können.

Weiblich und Männlich bilden eine Einheit und sind der einzige Schlüssel zu einem neuen Erdenleben.

Nur gemeinsam können die Menschen sich fortpflanzen und sich entwickeln. Nur gemeinsam können sie die Dinge ändern und wandeln. Nur gemeinsam ist alles Leben möglich.

Ohne Frau gibt es keinen Mann, und ohne Mann gibt es keine Frau.

Achte den anderen, denn gemeinsam ist man stark. Stark genug, um Liebe und Leben zu geben. Der Mensch ist nicht dazu geschaffen, allein zu sein. Vielleicht gehört dies zu seinem derzeitigen Seelenweg, aber es ist nicht das Ziel der Menschheit, und es ist niemals das Ziel einer Seele, dass jemand auf Dauer allein bleibt.

Die meisten Menschen suchen diese Einheit in einer Partnerschaft zwischen Mann und Frau. Doch es gibt Menschen, die diese Einheit in einer gleichgeschlechtlichen Partnerschaft finden, und für andere erfüllt eine tiefe Freundschaft dieses Bedürfnis nach Einheit. Wir benötigen meist andere, um uns selbst zu finden, denn andere Menschen spiegeln uns. Sie zeigen uns, was in uns steckt, was uns innerlich beschäftigt und woran wir noch arbeiten müssen. Wären wir immer nur allein, würden wir all diese Dinge nicht erkennen. Daher können wir durch andere Menschen leichter zur eigenen Einheit finden.

Praktische Übung:

Gehe allein in die Natur zu einem Platz, der dir gefällt, der dich beruhigt oder innerlich berührt. Dies kann im Wald sein, auf einer schönen Wiese, in den Bergen, an einem Gewässer oder irgendwo in der Sonne. Schließe für einen Augenblick die Augen, und atme ein paar

Mal tief durch. Dann öffne die Augen, schaue dich um, und nimm alles in deiner Umgebung wahr. Spüre die Seele des Lebens um dich herum. Spüre, dass alles dich berührt, auch wenn du es nicht anfasst. Erkenne und fühle, dass alles Teil deines Daseins ist. Die Sonne, der Mond, die Sterne, die Erde, die Luft und das Wasser. Alles ist Teil deines Selbst, und auch du bist Teil von allem. Du bist mit allem verbunden. Du bildest mit allem, was auf der Erde ist, eine Einheit.

Erkenne, dass du allein nichts bist. Wenn du hättest allein sein sollen, dann wärst du auch allein auf dieser Welt. Doch das bist du nicht, du bist ein Teil von vielen. Du bist ein Mensch unter vielen. Du bist eine Seele unter vielen. Selbst wenn du irgendwo auf dieser Welt ohne einen Menschen um dich herum lebst, bist du nicht allein: Um dich herum ist Erde, Wasser, Holz, Feuer und Metall – sind die fünf Elemente.

Spürst du die Erde unter deinen Füßen? Wenn es nicht zu kalt ist, dann ziehe deine Schuhe und Strümpfe aus und stelle dich auf die nackte Erde. Fühlst du die Energie, die durch die Erde in deine Füße strömt? Spürst du den Puls von Mutter Natur? Schließe noch einmal kurz die Augen, und fühle den Pulsschlag der Erde in deinen Körper eindringen. Erst ist er nur in deinen Füßen, doch langsam breitet sich der Puls in deinen Beinen aus, in deinem Becken, deinem Bauch, deinem Brustkorb – bis du ihn in deinem gesamten Körper spürst. Es ist der Herzschlag der Erde, der sich mit deinem eigenen Herzschlag verbindet. Nun öffne wieder die Augen.

Wenn du an einem Gewässer bist, dann tauche deine Hände in das kühle Element. Fühle, wie das Wasser deine Hände umfließt, sie ein-

hüllt und reinigt. Das Wasser fließt um deine Hände genauso, wie es in dir fließt, denn unser menschlicher Körper besteht zu einem großen Teil aus diesem reinigenden Element. Aber auch wenn kein Gewässer in deiner Nähe ist, ist Wasser um dich herum. Überall, wo du stehst, ist das Wasser tief unter der Erde. Wie ein stetiger Strom läuft das Wasser im Verborgenen – genauso, wie manche deiner Gefühle tief unter der Oberfläche durch dich hindurchfließen. Vielleicht findest du aber auch Wasser, das vom Himmel auf deine Haut perlt, sich in Vertiefungen aus Stein gesammelt hat oder aber in Form eines nassen Zweiges, feuchter Erde oder in Pflanzen, die das Wasser in ihre Blätter ziehen.

Und auch Holz ist überall um dich herum. Holz, aus dessen Mitte Äste und Blätter sprießen und wie eine Krone sich dem Himmel öffnen. Holz, das tief mit der Erde verwurzelt ist und sich der Sonne entgegenreckt. Holz, das in allen möglichen Formen und Variationen auf dem Boden liegt – wie ein Geschenk der Natur. Vielleicht entdeckst du eine bestimmte Figur oder ein Gesicht im Holz, vielleicht erinnert es dich an etwas. Fühle die Kraft und Stärke des Holzes. Spüre die Beschaffenheit – mal rau und hart, mal glatt und weich.

Vielleicht fragst du dich aber nun: Wo ist denn das Feuer um mich herum? Ich sage dir: Feuer ist am Tag über deinem Kopf, denn die Sonne ist das Feuer über deinem Haupt. Sie gibt dir Wärme und Licht. Sie brennt für dich, auch wenn du ganz allein bist. Vielleicht fragst du dich auch: Wo ist das Metall um mich herum? Und ich sage dir: Das Metall ist unter dir. Es ist unter deinen Füßen, denn unsere Erde ist voll von Metall und Stein. Das Metall sorgt für den Halt der Erde, es trägt dich und es gibt dir Halt.

Du bist niemals allein, denn egal, wo du bist, dort ist immer Leben. Dort ist Seele, und dort ist das Leben selbst.

Alles, was dich umgibt, ist Seele. Jeder Stein, jedes Stück Holz, jede Pflanze, jeder Baum, jeder Gegenstand ist und hat eine Seele. Alles, was zum Leben gehört, ist ein Teil des Ganzen. Es ist ein Teil von dir. Alles im Leben ist dein Partner, denn es ist ein Teil deines Lebens, es ist ein Teil deines momentanen Seins.

Du bist die Seele des Lebens, deines Lebens.
Du bist Seelenenergie.

Mache dir immer wieder bewusst: Du bist niemals allein. Selbst große spirituelle Menschen sind nicht allein. Sie sind alles andere als allein, denn Suchende umlagern sie und folgen ihnen auf Schritt und Tritt. Suchende verfolgen jedes ihrer Worte, jeden Satz und beobachten all ihre Taten. Auch wenn sich der spirituelle Mensch von den körperlichen Freuden und Bedürfnissen gelöst hat, braucht er etwas, was ihn zur Einheit führt. Denn ein Mensch allein ist nur der halbe Teil, nur die eine Hälfte von Männlich oder Weiblich. Ein Mensch allein verkörpert keine Einheit.

Der spirituelle Mensch braucht die Seele für seine Einheit.

Versuche aber auch nicht, zwanghaft einen Partner zu finden, denn dein wahrer Partner wird dich finden. Suche nicht, denn alles, was du brauchst, ist bereits da. Alles ist richtig. Alles, was ist, ist in deinem Leben.

Denn du bist der eine Teil,
und der andere Teil ist das Leben selbst.

Nicht jeder Mensch muss einen Lebenspartner haben, nicht jede Frau muss den richtigen Mann und nicht jeder Mann die richtige Frau finden. Wenn du dieses Leben ohne Lebenspartner sein sollst, dann ist das richtig und gut. Denn dann musst du in diesem Leben andere Erfahrungen machen. Du musst dich mehr auf dich selbst konzentrieren und für dich selbst genug sein. Wenn du in diesem Leben das gleiche Geschlecht bevorzugst, dann sollst du vielleicht nicht Teil einer Einheit sein, sondern dich durch den Blick in einen Spiegel erkennen. Vielleicht hast du Aspekte deines eigenen Geschlechtes vergessen, oder du hast die Aspekte des anderen Geschlechtes vergessen. Doch wenn du diese Erfahrung machen sollst, dann soll es so sein. Du sollst nicht die Erfahrung einer Beziehung zwischen Mann und Frau machen. Dies ist nicht dein Ziel, denn sonst würdest du das andere Geschlecht suchen und nicht dein Spiegelbild.

Was auch immer dein Seelenweg ist, er ist richtig und korrekt. Er sorgt für dich und deine Entwicklung, und alles hat seinen Sinn und Zweck. Es gibt keine Norm, und deswegen solltest du auch nicht versuchen, Teil der Masse zu sein. Lebe frei und losgelöst von deinen eigenen Erwartungen und den Erwartungen der anderen.

Du bist du, und du bist richtig und gut. Schaue auf dich, nicht auf die anderen und ihre Erwartungen. Aber tue auch nichts, was nur dir selbst guttut und anderen schadet. Du hast eine Verantwortung, so wie jeder Mensch auf dieser Erde. Du hast die Verantwortung für dich, für dein Leben und für deine Seele.

Der wichtigste Aspekt deines Selbst und deines Lebens ist die Seele, denn ohne Seele bist du nichts!

Die glückliche Partnerschaft

Wenn ein Mensch in einer glücklichen Partnerschaft lebt, kann das bedeuten, dass er in anderen Bereichen seelisch arbeiten soll. Eine glückliche Partnerschaft gibt ihm die nötige Hilfe und Rückendeckung, um andere schwierige Herausforderungen zu meistern. Diese können beispielsweise im beruflichen Bereich liegen oder im Freundeskreis. Auch Probleme mit den eigenen Eltern und/oder mit den Kindern können in diesem Fall zu bearbeiten sein.

Eine glückliche Partnerschaft gibt genügend Energie, um sich anderer Lebensbaustellen anzunehmen.

Es kann aber auch sein, dass beide Partner sich auf Seelenebene verabredet haben, gemeinsam zu wachsen. So entwickeln sich beide in der Beziehung weiter, und jeder hilft dem anderen, in seiner Entwicklung voranzukommen. Dies kann nacheinander, aber auch zeitgleich geschehen.

In glücklichen Beziehungen ist der Partner sowohl eine Herausforderung zum Wachsen, eine Stütze zum Ausruhen als auch ein Fenster zur Seele.

Beide Parteien profitieren davon, und es fällt leichter, in mehreren Bereichen zugleich vorwärtszuschreiten. In solchen stabilen Partnerschaften ist der Partner oder die Partnerin auch gleichzeitig der beste Freund oder die beste Freundin. Er oder sie ist eine absolute Vertrauensperson und schwer zu ersetzen.

Allerdings ist nicht jede nach außen hin glückliche Beziehung auch tatsächlich intakt. In so einem Fall machen sich die Partner meist selbst etwas vor. Nicht umsonst trennen sich viele Paare selbst nach vielen Jahren ganz plötzlich, obwohl die Partnerschaft nach außen hin sehr harmonisch und stabil erschien. Die Trennung kann sogar für einen der beiden Partner selbst sehr überraschend kommen. Meist handelt es sich dabei um Beziehungen, in denen sich die Partner in der Öffentlichkeit sehr liebevoll und innig gegeben haben, hinter verschlossenen Türen aber jeweils für sich geblieben sind. Aufkeimende Probleme wurden nicht erkannt und diskutiert, sondern einfach ignoriert. So erschienen diese Beziehungen über viele Jahre glücklich, ohne es aber in Wirklichkeit zu sein.

Eine gute Partnerschaft setzt offenes gemeinsames Reden voraus.

Die schwierige Partnerschaft

Schwierige Partnerschaften sind sehr weit verbreitet. Die oft jahrelange verzweifelte Suche nach »dem einen Partner« oder »der großen Liebe« lässt viele Menschen aus Angst vor der Einsamkeit vorschnell einen Partner wählen. Oftmals ist anfänglich auch alles wunderbar, und man hat scheinbar das große Los gezogen.

Nach einiger Zeit verliert man allerdings die rosarote Brille und erkennt die Unzulänglichkeiten des Partners, ohne zu bedenken, dass man ebenfalls seine Fehler und Macken hat – wie alle Menschen. Doch anfänglich erschien der neue Partner so perfekt, und man kann nicht verstehen, wie er sich nun als schwacher und fehlerhafter Mensch entpuppen konnte. Wie konnte man sich bloß so irren?

Zu Beginn einer Partnerschaft erfüllt jeder Mensch seine eigene Vorstellung eines perfekten Partners.

Dies bedeutet, er bemüht sich, alle möglichen Kriterien zu erfüllen, die seiner Ansicht nach den perfekten Partner ausmachen. Er verschleiert hier sein wahres Gesicht, um sich von seiner allerbesten Seite zu zeigen. Dies ist menschlich gesehen auch ganz logisch, denn wenn man gleich seine ganzen Fehler zeigen würde, würde man den anderen sofort in die Flucht schlagen, noch bevor er sich unsterblich in einen verliebt hat. So spielen sich beide Partner etwas vor. Konnte man diese Rolle anfangs, als man sich nur stundenweise traf, wunderbar spielen, lässt sie sich im Alltag jedoch nicht lange durchhalten.

Ehrlicher und einfacher wäre es, gleich am Anfang einer Beziehung sich selbst treu zu bleiben.

So würde man sich viel Kummer und Leid ersparen, auch wenn manch eine Beziehung dann vielleicht viel früher beendet werden würde. Doch so sieht man sofort den Menschen hinter der Rolle und all seine Probleme, Fehler und Macken. Wenn man mit diesen Macken leben kann und der neue Partner ebenfalls, dann hat die Beziehung eine Chance. Doch wenn es Dinge sind, die einen massiv stören, dann ist die Beziehung meist zum Scheitern verurteilt. Vor allem, weil viele den Fehler machen, den Partner erziehen zu wollen, damit er sich ändert, man selber aber so bleiben kann, wie man ist.

Wenn mich etwas an meinem Partner stört, dann ist die Wahrscheinlichkeit groß, dass auch ihn etwas an mir stört.

Schließlich sollte man niemals davon ausgehen, dass man selbst perfekt ist und nur der andere verkehrt. Doch dieser irrigen Annahme sind viele Menschen unterworfen.

Praktische Übung:

Wenn du einen Partner hast, dann mache am besten die folgende Übung mit ihm zusammen. Wenn nicht, kannst du sie auch allein durchführen.

Im Vorfeld wird besprochen, dass man offen und ehrlich miteinander umgeht. Denn nur weil der eine meint, dass ihn etwas am anderen stört, muss dies nicht wirklich so sein. Oft gibt es zwei verschiedene Perspektiven, und je nachdem, aus welcher Sicht man etwas betrachtet, kann sich die Meinung darüber ändern. Außerdem dient die Übung dazu, gemeinsam Kompromisse zu finden.

Jeder Partner nimmt einen Block oder sein Seelenbuch zur Hand und macht vier Spalten. In den ersten beiden Spalten beleuchtet jeder sich selbst. Was gefällt mir an meiner Person? Was würde ich gerne an mir selbst ändern? Erst danach füllt man die beiden anderen Spalten aus: Was gefällt mir an meinem Partner? Was würde ich gerne an meinem Partner ändern? Jeder hat so viel Zeit, wie er braucht. Danach fängt man an, die Spalten zu vergleichen. Hier sollte man erst in Ruhe die eine Person beleuchten und anschließend die andere. Jeder Partner darf in Ruhe erklären, warum er so handelt, auch wenn es den anderen stört. Gemeinsam wird versucht, Kompromisse zu finden.

Wenn dein Partner mehr gute Eigenschaften an dir findet als du selbst, und umgekehrt, dann ist dies ein Zeichen für eine gute Partnerschaft. Sollte jeder mehr negative Eigenschaften am anderen finden, könnte man beispielsweise über eine Paartherapie nachdenken.

Wenn du diese Übung nicht mit deinem Partner machen kannst, dann fülle die Spalten für dich allein aus, und überlege anschließend, warum dich manches am anderen so sehr stört. Vielleicht spielt ein Erlebnis aus deiner Kindheit oder von früher dabei eine Rolle, dass du dies nicht magst. Überlege nun für dich Kompromisse, die du deinem Partner und dir selbst zugestehen kannst. Gibt es allerdings Eigenschaften, die dich so stark an deinem Partner stören, dass sie dich belasten, dann suche unbedingt das Gespräch mit deinem Partner. Auch hier gilt: Wenn dich mehr am anderen stört, als du schätzt, sollte eure Beziehung unbedingt intensiver beleuchtet werden.

Das Problem ist, dass viele immer wieder den gleichen Typ Partner suchen, um endlich den Traummann oder die Traumfrau zu finden. Dadurch tappen sie ständig in dieselbe Falle. So wechseln zwar die Partner, doch das Problem bleibt immer das gleiche: Man ist nicht bereit, seine Maske abzusetzen, das Problem anzugehen und an sich selbst zu arbeiten. So wird die Partnersuche zum Teufelskreis.

Andere machen hingegen den Fehler, in schlechten Partnerschaften zu verharren, obwohl diese sie unglücklich machen. Sie schieben es auf die Kinder, die Finanzen oder auf den Aspekt der Sicherheit. Sie verharren in einem jahrelangen Unglücklichsein und verpassen dabei zu leben – so wie ein eingesperrtes Tier in einem Käfig: Sie stumpfen ab und verlieren ihr inneres Strahlen. Sie sind zwar in einem Körper hier auf der Erde, atmen und meinen zu leben, doch Leben ist in Wirklichkeit so viel mehr.

Leben ist Strahlen, Freude, Glück und Harmonie.

Wahrhaftiges Leben ist nicht traurig, deprimierend und einschüchternd. Wir sind hier, um uns zu entfalten, um unsere Arme auszubreiten und uns in ungeahnte Höhen zu schwingen. Wir sind hier, um unsere Umgebung durch unsere strahlende Aura mit unserer Energie zu versorgen.

Mache alles im Leben, was dich energetisch öffnet. Breite dein inneres Licht aus, und strahle in die Welt. Mache nichts, was dich klein macht, denn das schadet dir.

Wenn eine Partnerschaft sehr belastend ist, wenn sie dich unglücklich macht, dann ist es keine gute Partnerschaft – sie macht dich klein. Dann ist es meist besser, in keiner Partnerschaft zu leben. Vor allem, da dich kein neuer Partner erreichen kann, wenn du an einer alten, schlechten Beziehung festhältst. Auch wäre es deinem derzeitigen Partner gegenüber nicht fair, sich nach jemand Neuem umzuschauen und dann erst die schwierige Partnerschaft zu beenden. Das stößt deinen alten Partner viel mehr vor den Kopf, als wenn du dich einvernehmlich trennen und später eine neue Beziehung aufbauen würdest. Erinnere dich an die Zeit, als du diesen Menschen geliebt hast. Auch wenn das schon lange her ist, hat er es nicht verdient, dein Lückenbüßer zu sein, bis jemand Besseres vorbeikommt. Rede mit deinem Partner über deine Gefühle und die veränderte Situation.

Eine plötzliche Trennung aus dem Nichts heraus zieht dem Verlassenen den Boden unter den Füßen weg – dies hat er nicht verdient.

Die katastrophale Partnerschaft

Außenstehende fragen sich immer wieder, warum Frauen, die in ihrer Beziehung geschlagen oder misshandelt werden, an dem Partner festhalten. Männern passiert dies weit seltener, aber es gibt durchaus auch Männer, die von ihren Frauen misshandelt werden und sich nicht aus der Beziehung lösen können. Die Frage ist: Warum tun sich die Menschen das an?

Diese Frage ist für einen Außenstehenden wirklich schwierig zu beantworten, denn viele sind der Meinung, dass ihnen so etwas nicht passieren würde. Doch dies passiert mehr Menschen, als man meint. Das Problem ist viel diffiziler und geht meist weit in

Dein Seelenplan

die Vergangenheit zurück. Viele dieser gequälten Personen hatten eine unschöne Kindheit, wurden vielleicht sogar missbraucht oder misshandelt. Nun meinen sie, als Erwachsene müssten sie in der Lage sein, sich aus solch einer Situation zu befreien. Doch dies ist alles andere als einfach: Kommt es zu einer Misshandlung durch den Partner, öffnet sich das alte eingefahrene Muster der Kindheit. Man hat nie gelernt, damit umzugehen, und so wird man wieder zu dem Kind von damals. Es ist wie ein Schalter, der umgelegt wird: Die Person ist kein Erwachsener mehr, sondern wieder das kleine Kind, das sich nicht wehren kann, das Schmerz und Leid ertragen muss, um zu überleben. Durch das traumatische Erlebnis verschwindet die Realität, und es kommt zu einem Déjà-vu.

In Beziehungen mit Misshandlungen bleibt das Opfer häufig bei seinem Partner, weil es durch seine Erfahrungen paralysiert ist.

Nach einer Misshandlung wird diese Tat vom Opfer gerne abgeschwächt und beschönigt. Genauso wie man es in der Kindheit gemacht hat. So entsteht ein Kreislauf, der für die Betroffenen nur schwer von allein zu durchbrechen ist.

So hart es klingt, aber die erneute Misshandlung dient der Seele zur Aufarbeitung und zur Lösung des alten Kreislaufs. Denn erst wenn der Schmerz groß genug ist, bricht das Opfer aus dem Kreislauf aus und löst sich aus der katastrophalen Beziehung. Ein Mensch, der so etwas nicht selbst erleben musste, kann es nur sehr schwer nachvollziehen, aber er muss bedenken, dass alte eingefahrene Muster oft sehr schwer zu durchbrechen sind. Der

Partner, der in einer solchen Beziehung der Täter ist, sucht sich natürlich auch ein leichtes Opfer aus. Ihm geht es darum, Stärke zu zeigen: Wenn sein Opfer ganz klein ist, dann meint er, groß zu sein. In diesem Fall wäre eine Therapie ratsam, denn er muss lernen, dass wahre Größe nichts mit Gewalt zu tun hat.

Wirklich große Menschen müssen ihre Stärke nicht zur Schau stellen.

Ein anderes Problem, warum Menschen sich misshandeln lassen und an so einer Beziehung festhalten, ist das sogenannte Helfer-Syndrom. Sie erkennen das falsche Verhalten des Gewalt ausübenden Partners und wollen helfen. Sie wollen ihn oder sie retten. Doch ohne eine Therapie wird es derjenige nicht schaffen.

Man kann andere Menschen nicht ändern, wenn sie dies nicht wollen. Man kann nur seine Einstellung ihnen gegenüber ändern.

Daher bringt es nichts, helfen zu wollen, auch wenn die Idee sicher gut ist. Derjenige, der die Gewalt ausübt, trägt viele Probleme in sich, sodass er dies mit Gewalt kompensieren muss. Es verhält sich wie bei einem Drogensüchtigen: Die Familie kann ihm nicht helfen, indem sie bloß den Geldhahn abdreht, sondern sie muss die Beziehung zu ihm beenden, damit ihm bewusst wird, was er getan hat. Auf alle Fälle muss man aber sich selbst schützen, weswegen man sich aus so einer Beziehung schleunigst lösen muss.

Der Partner kann kein Therapeut sein, dafür steht er einem viel zu nah. Dies kann nur eine Person mit dem notwendigen Abstand und Wissen sein.

Fehlende Partnerschaft

Die Partnervermittlungsbörsen im Internet sind voll von Menschen, die auf der Suche nach dem perfekten Partner sind. Und es müsste eigentlich so einfach sein: Man sitzt an seinem Schreibtisch, erstellt sein Profil mit Bildern und Texten, wartet auf Angebote und findet den idealen Partner. Schließlich sucht eine Maschine unter den Hunderten von Profilen nach dem perfekten Ebenbild der eigenen Suchanfrage. Man bekommt Vorschläge, vereinbart Verabredungen und sucht sich in Ruhe jemanden aus.

Leider funktioniert das System selten so optimal, denn hier können sich suchende Singles noch eher hinter einem erschaffenen Fantasiebild verstecken als bei persönlichen Bekanntschaften. Vor allem bei Eigenschaften, Charaktermerkmalen, Finanzen und Lebensvorstellungen wird meist gelogen wie gedruckt. »Eigentlich mag ich keine Kinder, aber es gibt so viele alleinstehende Frauen mit Kindern, dass ich angebe, Kinder zu wollen, da ich so mehr Angebote bekomme«, ist zum Beispiel eine typische Aussage eines Mannes. Und manchmal sind noch nicht einmal die Fotos echt oder so stark mit einem Bildbearbeitungsprogramm bearbeitet worden, dass die Wirklichkeit beim persönlichen Treffen dann sehr ernüchternd ausfällt.

Ich persönlich habe den Eindruck, dass nirgendwo so viel geschummelt und betrogen wird wie in den Partnerbörsen. So verwundert es nicht, dass die vorgegebenen Partner selten zueinanderpassen.

Der richtige Partner wurde vom Universum nicht in einen Computer gesteckt, sondern er läuft einem meist »zufällig« über den Weg.

Die wenigsten finden den richtigen Partner in Partnervermittlungsbörsen im Internet oder in Chatrooms. Das ist eher die Ausnahme. Daher ist es immer wichtig, hinaus in die Welt zu gehen und die Augen offen zu halten: Unsere Welt ist voll von potenziellen Partnerinnen und Partnern. Und wenn du ihn oder sie nicht triffst, dann dient dieser Umstand deiner Entwicklung. Dann sollst du anscheinend eine Zeit lang oder auch länger für dich sein. Dann ist es wichtig, dass du in dein Inneres schaust und hier Aufräumarbeiten leistest, bevor du dein Herz wieder verlieren kannst. Je eher du damit anfängst, desto schneller bist du wieder offen für etwas Neues. Offen für eine neue Erfahrung, die vielleicht auch eine neue Partnerschaft bedeutet.

Wenn du Altes aufarbeiten musst, bevor etwas Neues in dein Leben kommen kann, dann fang am besten gleich damit an.

Warte nicht, bis dich das Schicksal auf die Notwendigkeit der Aufarbeitung hinweist, sondern stelle dich dieser Herausforderung gleich. Stelle dich deinen Aufgaben, und verweigere dich nicht, denn kein Problem wird sich in Luft auflösen, wenn du dich ihm nicht stellst.

Du bestimmst den Rhythmus deines Lebens, doch deine Seele bestimmt die Melodie.

Das bedeutet, dass du deine Aufgaben in dem Tempo angehen kannst, wie du willst – schneller oder langsamer. Aber angehen musst du sie, um in diesem Leben zu bestehen. Worauf wartest du also? Fang an – und deine Traumfrau oder dein Traummann biegt vielleicht schon im nächsten Moment um die Ecke!

Partnerschaft und möglicher Seelenplan

Partner-schaft	Mögliche positive Folgen	Mögliche negative Folgen	Chancen	Gefahren
Glückliche Partner-schaft	gute Rückendeckung für andere Lebensbereiche; Vertrauen; Partnerschaft und Freundschaft in einem	Abhängigkeit vom Partner; Aufgabe der eigenen Persönlichkeit; Fixierung und Ausblendung des Umfeldes	positive Lebenseinstellung; Offenheit gegenüber anderen Menschen	keine Selbstständigkeit
Schwierige Partner-schaft	Aufarbeitung alter Muster (bezüglich der Mutter- oder Vaterbeziehung); Ausbau anderer Lebensbereiche	Leben in einer Scheinwelt; große Einsamkeit (aufgrund fehlender Liebe)	Belastbarkeit; Standhaftigkeit	Verlust der Lebensfreude; Verhaftung im Negativen; Ignoranz der Realität; Schauspielverhalten
Katastrophale Partner-schaft	Aufarbeitung von negativen Kindheitserfahrungen	körperliche Verletzungen; Realitätsflucht; negative Abhängigkeit	starker Überlebenstrieb	Helfersyndrom; Existenzängste; seelische Schmerzen
Fehlende Partner-schaft	Möglichkeit zur Aufarbeitung der Vergangenheit und zur Besinnung auf sich selbst	zunehmende Beziehungsunfähigkeit; endlose Suche nach der Liebe im Außen	Selbstachtung; Selbstliebe; Eigenständigkeit	Einsamkeit; Verbitterung

Deine Erfolge und Misserfolge

Erfolg ist, was dir folgt,
der Misserfolg hat dich nur nicht gefunden.

Ob du erfolgreich im Leben bist, hängt in erster Linie von dir selbst ab: Deinen Erfolg bestimmst nur du selbst. Es mag Menschen geben, die dich unterstützen und fördern, aber du selbst bist für die Richtung, in die du gehst, und für deinen Weg verantwortlich. Du selbst musst wissen, wohin du willst. Nur so kannst du irgendwann an dein Ziel kommen.

Es ist nicht entscheidend, wann du am Ziel deines Weges ankommst, sondern nur, dass du es erreichst.

Es ist wichtig, dass du weißt, was du erreichen möchtest. Du musst deine eigenen Ziele kennen. Wenn du nicht weißt, wohin du willst, kannst du dort auch niemals hingelangen. Daher ist es wichtig, dass du dich selbst kennst, dass du die Wünsche und Ziele deiner eigenen Seele spürst. Denn wenn du den falschen Wünschen hinterherjagst, wirst du am Ende keinen Erfolg haben.

Wenn du dein Ziel nicht kennst, kannst du es auch nicht erreichen.

Einige Menschen wissen bereits in jungen Jahren, welche Ziele sie erreichen wollen. Sie wissen bereits zu Schulzeiten, welchen Beruf sie ergreifen möchten. Andere wiederum wissen sehr lange nicht, in welchen Bereich sie wollen. Je länger sie aber planlos durchs Leben gehen, desto mehr Energie kostet es sie, da sie viele Umwege durchlaufen müssen, bevor sie letztlich erfolgreich und zufrieden sind. Andere Menschen haben im Leben scheinbar gar kein Glück: Ein Misserfolg jagt den nächsten. Egal, was sie probieren, alles scheint vom Misserfolg gekrönt. Diese Personen scheinen auf der Schattenseite des Lebens zu stehen. Doch in Wirklichkeit ist dies bei keinem Menschen der Fall.

Kein Mensch hat immer nur Glück, und kein Mensch hat immer nur Pech.

Unsere Welt bewegt sich in Wellen. Wie das Wasser im Meer bewegt sich alles auf und ab. Nach jedem Tief kommt ein Hoch, und danach geht es wieder etwas bergab. Auch wenn es manchmal so scheint, dass es bei bestimmten Personen immer nur steil bergauf geht, ist dies ein Trugschluss: Alle Menschen sind diesem Gesetz der Natur unterworfen. Wenn man das Leben eines solchen Menschen über einen längeren Zeitraum beleuchten würde, könnte man erkennen, dass es auch hier zuvor bergab gegangen ist. In manchen Lebensphasen sind die Tiefs tiefer und in anderen die Hochphasen höher, aber dennoch bleibt alles auf lange Sicht gesehen im Gleichgewicht. Dafür muss der Mensch diese Schwankungen in beide Richtungen natürlich erkennen und weder in den guten noch in den schlechten Phasen darf er sie ignorieren.

Das menschliche Leben ist wie ein Schiff auf dem Meer: Mal werden wir emporgehoben, mal herabgesenkt – doch dazwischen gibt es die lineare Fortbewegung, die Veränderung.

Nicht jeder erfolgreiche Mensch ist Millionär. Im Gegenteil: Erfolg hat nicht nur etwas mit Geld zu tun. Viele Menschen sind sehr erfolgreich und haben dennoch kein dickes Bankkonto. Erfolgreich zu sein ist etwas viel Größeres, als dass es lediglich auf einen Kontostand reduziert werden könnte. Es steckt viel, viel mehr hinter dem Ausdruck »Erfolg«.

Erfolgreich kommt von »Er folgt reich«. Das bedeutet, ich bin reich an etwas, das folgt. Was wiederum bedeutet, dass immer, wenn ich etwas tue, mir etwas folgt und ich davon reichlich bekommen kann. Dies zeigt, dass nur durch Taten Erfolg entstehen kann. Wenn ich also nichts tue, kann ich nicht erfolgreich sein.

Erfolgreich sein ist eine Reaktion auf eine Aktion. Ohne Aktion kann der Erfolg nicht eintreten.

Viele Menschen beneiden erfolgreiche Personen um das, was sie erreicht haben. Doch sie sehen dabei nicht, dass der erfolgreiche Mensch meist sehr viel mehr Aktionen ausgeführt hat als sie selbst. Erfolgreiche Menschen sind zeitlich gesehen eingespannter als andere, denen zum Beispiel ihre Freizeit wichtiger ist.

Erfolg zu haben bedeutet, etwas Positives zu schaffen.

Das Erschaffene muss nicht etwas sein, was man mit Geld aufwiegen kann. Es kann auch etwas Kreatives oder Künstlerisches sein. Erfolg lässt sich nicht immer in Geldbeträgen ausdrücken. Wenn jemand einen Menschen heilt, eine Stiftung als Anlaufstelle für Bedürftige aufbaut oder humane Sterbehilfe leistet, ist das ein Erfolg, ohne dass Unsummen an Geld fließen mussten. Erfolg und Geld sind zwar manchmal miteinander verbunden, aber jedes kann auch für sich allein stehen.

Was Erfolg für uns bedeutet, kommt immer darauf an, wohin wir wollen, was unser Ziel ist und welchen Weg unsere Seele gewählt hat. Misserfolge sind dabei ein Teil unseres Lebens, denn niemals kann alles klappen. Wir müssen daher lernen, zu scheitern. Doch die wirklich erfolgreichen Menschen wissen, wie sie ihre Misserfolge positiv für sich nutzen können.

Erfolgreiche Menschen wissen, wie man aus einem Misserfolg heraus Erfolg haben kann.

Jeder Mensch kann dies lernen. Jeder Mensch kann Erfolg haben. Jeder Mensch kann erfolgreich sein, wenn er auf seine Seele hört und seinen *eigenen* Erfolg sucht.

Der Erfolg

Wie bereits oben beschrieben kommt Erfolg von »Folgen«: »Er wird folgen«, so, wie die Energie dir immer folgt. Doch wer ist er? Das Wort »Folgen« bedeutet, dass etwas erst später passieren wird. Es bedeutet, dass du bereit sein musst, erst etwas zu geben, damit *er folgen* kann.

Er ist der Ruhm, der Dank und das Geld. *Er* ist das Ergebnis deines Tuns. *Er* ist der Held der Arbeit, der König unter Gleichgesinnten, der Sieger. *Er* ist alles, was du dir wünschst, und alles, was du dir erträumst.

Er ist das Ergebnis einer guten Handlung.

Egal, was du in deinem Leben machst, mache alles mit Liebe, Ehrfurcht, Dankbarkeit, Achtung und Respekt. Lasse all dies in deine Arbeit einfließen, dann wirst du erfolgreich sein und immer auf deinem speziellen und persönlichen Seelenweg gehen.

Erwarte nichts von anderen, erwarte nichts von außen, sondern gib, und *er wird dir »erfolgen«*.

Erfolg fängt im Kleinen an. Erfolg bedeutet alles Gute, was dir folgt. Freue dich über deine Ausbildung, dein Studium und deinen Beruf. Liebe deinen Beruf. Suche dir einen Beruf, der dich erfüllt. Ein Beruf ist etwas Wundervolles. Er ist etwas Erfüllendes, denn er erfüllt deinen Tag mit Sinn. Sicher, du kannst auch den ganzen Tag vor dem Fernseher verbringen, am Computer spielen oder im Internet deine Zeit totschlagen, doch dies wird dich nicht erfüllen, denn so etwas ist nicht deine Bestimmung – es sei denn, deine Arbeit hat mit Computern oder Internet-Recherche zu tun. Jedoch verbringen viele Menschen enorm viel Zeit vor diesen »Berieselungskisten« und sind dann erstaunt, dass sie nichts geschafft und erreicht haben. Dabei ist es doch so offensichtlich, dass, egal, ob Fernseher, Computerspiel oder Spielekonsole, solche Geräte allein der Unterhaltung und dem Spaß dienen, das Leben jedoch nicht nur aus Spaß bestehen kann. Das hat es noch nie, und das wird es auch nie.

Wer erfolgreich sein will, kann nicht nur Spaß haben.

Vielleicht ist der Leistungsdruck heutzutage größer, aber dadurch ist es dir auch vergönnt, mehr zu erreichen. Du bestimmst deinen Erfolg selbst, zumindest in unserer westlichen Welt. Du kannst selbst entscheiden, wie viel du bereit bist, zu investieren, und wie viel dir dadurch *erfolgt*. Früher war man an seinem Platz in der Gesellschaft viel festgefahrener, und daraus auszubrechen war fast nicht möglich. In den westlichen Ländern hat heute jeder eine Aufstiegschance und auch Menschen aus einfacheren Familien können durch Wissen und Fleiß ganz nach oben gelangen.

Du wirst dich nun fragen: Warum schaffen es dann so wenige? Das kann ich dir beantworten. Ein Beispiel: Menschen, deren Eltern sehr viel Erfolg und Geld haben, werden in ihrer Kindheit oftmals zu sehr verwöhnt. Sie lernen dadurch nicht, dass der Erfolg *folgen* muss, denn sie mussten nie etwas dafür tun. Sie wurden mit allen Annehmlichkeiten des Lebens ausgestattet, und viele meinen daher, dass das Leben ein Zuckerschlecken sei und das Geld vom Himmel falle. Sie sind einfach zu bequem, um mehr aus sich selbst zu machen, denn Erfolg ist nicht einfach. Erinnere dich: Du musst etwas tun, damit *er folgen* kann. Wenn man durch das Vorbild seiner Eltern allerdings nicht gelernt hat, dass eine Handlung vor dem Erfolg da sein muss, dann kann man niemals Erfolg haben.

Menschen, die richtigen Erfolg haben, sind bereit, sehr viel mehr zu handeln als andere.

Sie geben einfach mehr als andere und daher *folgt* ihnen auch mehr. Wenn du es im Leben lieber gemütlich hast, dann ist das völlig in Ordnung, aber dann erhoffe dir keinen Erfolg! Und missgönne es denen nicht, die bereit sind, mehr zu geben.

Praktische Übung:

Wenn du Erfolg haben willst, brauchst du ein Ziel. Daher musst du als Allererstes definieren, was für dich Erfolg persönlich bedeutet. Nimm dir dafür etwas Zeit, und sorge für Ungestörtheit. Schlage eine neue Seite in deinem Seelenbuch auf. Notiere als Überschrift »Erfolg bedeutet für mich«, und schreibe darunter alles auf, was dir einfällt. Vielleicht bedeutet Erfolg für dich, eine bestimmte Prüfung gut zu schaffen? Eine hohe Bewertung zu erreichen? Oder ist Erfolg für dich, wenn ein bestimmter Betrag am Ende des Monats auf deinem Konto ist? Heißt Erfolg für dich, dass du dir eine spezielle Automarke leisten kannst? Oder einkaufen gehen zu können, ohne dabei die günstigsten Produkte auswählen zu müssen? Ist Erfolg für dich, in einer bestimmten Firma arbeiten zu dürfen? Oder eine bestimmte Position in der Chefetage zu erlangen?

Du siehst, Erfolg kann sehr unterschiedlich sein. Er ist genauso unterschiedlich wie die Menschen. Was für den einen Erfolg ist, kann für den anderen absolut unbedeutend sein. Daher versuche nicht, den Erfolg deiner Freunde, deiner Familie oder deiner Nachbarn zu erreichen, denn diese Personen haben ganz unterschiedliche Vorstellungen von Erfolg und Misserfolg. Und selbst wenn sich eure Vorstellungen decken, haben diese Menschen andere Voraussetzungen in ihrem Leben als du.

Der Erfolg der anderen ist nicht dein Erfolg und kann es auch niemals werden.

Ein Beispiel: Dein Nachbar hat eine tolle Stimme und feiert damit große Erfolge. Deine Stimme klingt normal, und deswegen macht es keinen Sinn für dich, den gleichen Erfolg zu suchen. Dafür bist du vielleicht in der Mathematik gut und kannst hier dein Potenzial entfalten. Somit können dein Nachbar und du niemals denselben Erfolg haben. Mit euren unterschiedlichen Begabungen könnt ihr vielleicht denselben Kontostand erreichen, doch – wie bereits gesagt – hat Geld nichts mit Erfolg zu tun.

Erfolg heißt: Du weißt, was du willst, und bist bereit, dafür zu kämpfen.

Denn erfolgreiche Menschen kämpfen meist viele Schlachten, ehe sie zum Ziel gelangen. Erfolg ist immer mit Anstrengung verbunden, denn sonst wäre jeder auf der Welt erfolgreich. Jeder beginnt am Start und muss sich in Richtung Ziel kämpfen. Jeder ist mit den Potenzialen, Fähigkeiten und Eigenschaften ausgestattet, die er zur Erreichung seines Ziels benötigt.

Erfolgreiche Menschen wissen ganz genau, was sie wollen.

Sie haben ganz klare Vorstellungen und arbeiten Schritt für Schritt auf ihr Ziel hin. Nur so geht man zielstrebig in die richtige Richtung. Nur so gelangt man an das Ziel seiner Wünsche und Vorstellungen. Erfolgreiche Menschen träumen nicht von

Dingen, die sie niemals erreichen können. Sie erwarten nicht irgendein illusorisches Ziel, wie beispielsweise die erste Milliarde vor der ersten Million. Erfolgreiche Menschen wissen, was für sie persönlich machbar ist und arbeiten zielstrebig darauf zu. Wenn sie einen Sieg errungen haben, orientieren sie sich weiter, doch sie vergessen dabei nie, was sie dafür geleistet und geopfert haben. Denn für jeden Erfolg muss man Opfer bringen. Während andere am See liegen und baden, ist der erfolgreiche Mensch bereit zu arbeiten. Er ist bereit, seine Zeit, seine Kraft und seine Energie einzubringen, um sein Ziel zu erreichen. Man kann nicht alles im Leben haben und oft muss man sich entscheiden und wählen, was einem wichtiger ist: der Erfolg oder die Freizeit, die Arbeit oder das pure Vergnügen, die eigene Entwicklung oder die Ruhe im Leben.

Man erkennt wirklich erfolgreiche Menschen vor allem an einer Eigenschaft: Sie schätzen das, was sie erreicht haben. Sie schätzen sich selbst und sie schätzen ihren Erfolg.

Erfolgreiche Menschen jammern und klagen nicht andauernd, sondern sie sind bereit zu kämpfen, für die Dinge, die ihnen wichtig sind. Erfolgreiche Menschen wissen, dass man im Leben nichts geschenkt bekommt, dass man oftmals in die saure Schale beißen muss, um zum süßen Kern zu gelangen. Der erfolgreiche Mensch ist mit sich und seiner Welt zufrieden. Er lebt und liebt das, was er erreicht hat.

**Der erfolgreiche Mensch weiß genau,
wo er im Leben steht und wo er hin möchte.**

Der erträumte Erfolg

Träume sind tiefe Wünsche, die wir haben. Es sind große Ziele, die wir als Mensch erreichen wollen. Sie bringen uns voran, wenn wir uns auf sie einlassen: Lerne zu träumen und du wirst lernen, erfolgreich zu sein. Wenn du träumst, bist du ganz nah bei dir selbst. Du bist bei deinem Ursprung, bei deinem Seelendasein und nah bei deinem Ziel.

Wenn du träumst, bist du eins mit deiner Seele.

Nicht alle Träume sind nur Schäume. Träume sind unsere Führer, unsere Wegweiser und unsere besten Herausforderer. Nimm deine Träume an. Sieh, dass sie deins sind. Erkenne in ihnen deine ganz persönlichen Wahrheiten. Erkenne darin dein inneres Kind. Jeder kann seinen Träumen folgen und beginnen, seine Träume zu leben – auch du! Sie führen dich hinaus aus dem trüben Alltag und direkt in dein inneres Paradies.

**Menschen ohne Träume sind verlorene Seelen.
Träume führen uns zu unserer eigentlichen
Bestimmung. Sie führen uns zu unserem
Seelenparadies.**

Träume sind göttlich. Sie sind eine Bereicherung für jeden, der bereit ist, ihnen zu folgen und ihnen zu vertrauen. Dein Traum gehört zu dir, wie dein Körper in diesem Leben zu deiner Seele gehört. Dein Traum ist deine Bestimmung, er ist deine Aufgabe, er ist dein Lebensziel.

Du kannst alles schaffen, wenn du es willst. Du kannst das, ich weiß es. Und tief in dir weißt du es auch.

Lebe deine Träume, denn sie sind ein wichtiger Teil deines Lebens. Für seine Träume lohnt es sich zu leben. Versuche es – denn wenn du es niemals versuchst, verpasst du das Leben selbst. Leben heißt nicht nur arbeiten. Leben heißt nicht nur, den ganzen Tag zu ackern und zu schuften.

Wahrhaftig leben heißt, seinen Träumen zu folgen.

Vergeude nicht dein Leben, indem du nur das tust, was andere von dir erwarten, was andere von dir möchten, was andere bereit sind zu tun. Gehe deinen Weg, und sieh nicht auf den Weg der anderen. Die anderen Menschen sind für dich nur wichtig, wenn sie dich auf deinem Weg bestärken, nicht, wenn sie dich behindern. Nur du weißt, was du wirklich willst. Du kennst deine Bestimmung und deinen Plan. Du kennst dich selbst am allerbesten.

Denn du bist du, du bist deine Seele, du bist die Göttlichkeit deines eigenen Lebens.

Erinnere dich an das, was ich dir bereits gesagt habe: Lasse dich niemals von anderen Menschen an der Realisierung deiner Träume hindern. Lasse dich niemals von deiner Bestimmung entfernen. Höre nicht auf die Neider, auf die Zweifler und die Besserwisser. Höre auf deine Seele, höre auf dich selbst – dann gelangst du immer zu deinem Ziel.

Ein Mensch ohne Träume hat aufgehört, wahrhaftig zu leben – er existiert nur noch.

Der seelische Erfolg

Im Gegensatz zum erträumten Erfolg entspringt beim seelischen Erfolg ein Wunsch tief in unserem Inneren. Dieser Wunsch ist ungemein wichtig für unsere Seele. Es ist daher wie ein Zwang, dem wir uns nicht entziehen können. Wir müssen diesem tiefen Impuls unserer Seele einfach folgen, auch wenn wir es rational nicht verstehen können.

Es gibt Dinge im Leben, die muss man einfach tun.

Auch wenn alles dagegenspricht, hat man manchmal das innere Bedürfnis, genau dies tun zu müssen. Dieses Bedürfnis kommt aus einer Tiefe, die unbeschreiblich ist. Es ist wie eine Bestimmung, wie eine Vorsehung. Es ist wie die Erfüllung eines Schicksals.

Egal, was dagegenspricht, wenn dein Innerstes absolut überzeugt ist, dass du genau diesen Weg gehen sollst, dass genau das sein muss, dann wird es ein absoluter Erfolg werden – denn genau das ist deine Bestimmung. Es ist deine Vorhersehung. Es ist deine Aufgabe, und alles treibt dich dorthin. Auch wenn die ganze Welt sich gegen dich aufzulehnen scheint, du aber überzeugt davon bist, dass du dorthin gehörst – dann folge deiner inneren Stimme.

Seiner Bestimmung kann man sich nicht entziehen, man muss ihr bereitwillig folgen.

Es kommt nicht oft vor, dass man dieses eindeutige Gefühl verspürt. Das Gefühl, genau diesen Weg gehen zu müssen, obwohl alles dagegenspricht und sich alles gegen einen zu stellen scheint. Dieses tiefe Gefühl des Müssens, des Nicht-anders-Könnens. Doch diese tiefe Überzeugung ist die reine Wahrheit. Es ist deine Wahrheit, auch wenn kein Mensch um dich herum sie nachvollziehen kann. Es ist deine Seele, die dich zwingt.

Deine Seele sagt, was deins ist. In diesem Fall spricht sie mit einer unmissverständlichen Sprache! Missachte diese deutlichen Befehle deiner Seele nicht, auch wenn sie kein anderer verstehen kann.

Deine Seele zwingt dich zur Erfüllung deines Schicksals.

Je schwieriger der Weg, desto besser der Erfolg, desto stärker der Sieg, desto entscheidender die richtige Wahl. Widerstrebe diesem inneren Bedürfnis nie, denn sonst wirst du tief fallen. Wenn du dich dieser Bestimmung verweigerst, wird sich deine Seele äußern – und dies tut sie, indem sie dich mit Schwierigkeiten, Problemen und Ärger auf deine Fehlentscheidung aufmerksam macht.

Gehe wichtige Wege, ohne zu zögern, und du wirst auf ganzer Linie siegen!

Viele Menschen verhindern ihren Erfolg aufgrund falscher Unsicherheit: Sie trauen sich nicht, auf ihre Seele zu hören, und entscheiden sich gegen den Weg, der absolut richtig für sie wäre. Es führen zwar viele Wege nach Rom, doch nur einer direkt, schnell und siegesgewiss.

Warum nimmst du Umwege in Kauf, wenn du einfacher Erfolge erzielen, wenn du direkt zum Ziel gelangen könntest? Weil du anderen mehr vertraust als dir selbst? Weil du meinst, die anderen wüssten es besser? Mache dir noch einmal bewusst: Die anderen wissen nichts über dich. Sie wissen nichts über deine Bestimmung, über deine Seele und ihre Ziele. Sie kennen dich nicht. Nicht wirklich. Vertraue dich daher der Tiefe deines Selbst an. Niemand lenkt dich so gut wie dein Ursprung, wie dein Ziel, wie dein innerster Kern. Niemand lenkt dich so gut wie deine göttliche Seele.

Deinem Erfolg kannst du nur selbst im Wege stehen, denn Erfolg ist immer die Folge von dir.

Der ausbleibende Erfolg

Der ausbleibende Erfolg scheint auf den ersten Blick ein Versagen, ein Scheitern zu sein: »Du hattest keinen Erfolg!«

Doch im Leben gibt es keine Misserfolge. Es gibt kein Scheitern, es gibt kein Falsch-Sein.

Doch der ausbleibende Erfolg ist etwas ganz anderes. Er ist viel subtiler und viel raffinierter, als dass man ihn einfach als Misserfolg bezeichnen könnte. Denn eigentlich ist dir nur nichts oder niemand *gefolgt*. Du bist einen Schritt gegangen und es hat sich nichts Gutes oder Positives für dich ergeben. Du bist scheinbar gescheitert, hast scheinbar versagt. Du hast nicht das erreicht, was du als Mensch mit deinem Verstand wolltest.

Aber es ist auch nichts Schlimmes passiert. Du hast einfach nur deinen Erfolg »vermisst«. Es ist nicht das nachgekommen, was du erwartet hast, was du dir gewünscht hast. Doch du bist immer noch du. Du bist immer noch wichtig, richtig und wertvoll. Du hast einfach nur in diesem Fall auf das falsche Pferd gesetzt und warst nicht auf deinen persönlichen und richtigen Erfolg aus. Vielleicht hast du dich im Vorfeld zu sehr von außen beeinflussen lassen und hast zu sehr auf andere gehört, anstatt auf dich selbst. Vielleicht hast du vor lauter Verstand den Schrei deiner Seele nach einem anderen Weg nicht vernommen.

Wenn du keinen Erfolg hattest, dann ist das nur scheinbar der Fall, denn in Wirklichkeit hattest du einen.

Du bist erfolgreich gescheitert an dem, was nicht deins war. Du bist daran gescheitert, den falschen Weg zu gehen. Du bist daran gescheitert, an deiner Bestimmung vorbeizulaufen. Du bist an dem gescheitert, was nicht du bist. Du bist daher niemals an dir selbst gescheitert, sondern nur an Dingen, an denen du scheitern musstest, denn sie gehörten keine Sekunde lang zu dir.

Im Leben zählen immer nur die Erfolge, denn Misserfolge gibt es nicht.

Das Leben selbst sorgt dafür, dass alles so ist, wie es sein muss – für jeden Einzelnen von uns. Es ebnet deinen Weg und führt dich dorthin, wohin du gehen sollst, und stellt dich den Personen vor, die wichtig und richtig für dich sind. Auch wenn du das manchmal nicht erkennen willst und dies vielleicht vehement bestreitest. Doch nichts passiert ohne Grund. Und selbst Menschen, die uns nerven, tun dies aus einem ganz bestimmten Grund: Sie müssen dies tun, damit wir etwas lernen und auch sie selbst etwas dabei lernen. Alles im Leben hat seinen Sinn und seinen Zweck. Einfach alles.

Deine ausbleibenden Erfolge, deine Kämpfe, deine Feinde – alles dient deinem persönlichen Zweck, deinem seelischen Ziel, deiner eigenen Göttlichkeit.

Dies ist für viele Menschen schwer zu verstehen, denn viele sind zu sehr im Menschsein verhaftet. Wir sind zwar alle Menschen, die auf der Erde leben, aber wir sind auch göttliche Seelen. Nur haben viele Erdenbürger diese innere Göttlichkeit vergessen. Sie betrachten ihre Misserfolge und Schicksalsschläge als Tragödien. Doch es sind nur *menschliche* Tragödien, und aus der Sicht einer ewig lebenden, göttlichen Seele ist es unwichtig, was man menschlich gesehen erreicht oder nicht erreicht hat. Besitz, Stärke und Reichtum interessieren unsere Seele nicht. Es geht rein um unsere seelische Entwicklung, unser Wachstum, unser Strahlen und unsere Göttlichkeit. Es geht beim Erdenleben nur um unseren Seelenkern – es kann auch nur um diesen gehen, denn du weißt inzwischen, dass alles andere vergänglich und in Anbetracht der Endlosigkeit des Universums ein Menschenleben nur ein einziger Wimpernschlag ist.

Löse dich für einen Augenblick von deiner Sichtweise als Mensch, und betrachte dein Leben aus der Sicht deiner göttlichen Seele. Dir wird sich dadurch eine völlig neue Welt offenbaren, dir wird vieles bewusster. Du wirst ein ganz anderes Leben führen, du wirst vieles ganz anders sehen.

Alles, was den Menschen ausmacht, ist vergänglich – alles, was die Seele ausmacht, bleibt auf ewig bestehen.

Wenn du die Dinge aus der Sicht deiner Seele betrachtest, dann hattest du niemals einen Misserfolg und auch niemals einen Verlust. Es waren immer nur menschliche Tragödien, niemals seelische. Denn das Einzige, was du als Seele verlieren kannst, ist der Bezug zur dir selbst. Zu deiner Seele.

Wenn also etwas nicht so gelaufen ist, wie du es wolltest, dann ärgere dich nicht, sondern löse dich davon und fange etwas Neues an. Es gehörte nicht zu deinem Seelenweg, und es wäre verkehrt, daran festzuhalten. Gib es frei, und du wirst viel freier deinen Weg gehen können. Denn alles, was nicht wirklich zu dir gehört, ist nur unnötiger Ballast auf deinem Seelenweg. Es drückt dich nieder ins Menschsein, anstatt dich zu deiner inneren Göttlichkeit zu führen. Solange du hier auf Erden lebst und atmest, bist du immer beides: Mensch und Seele. Vergiss diesen Umstand niemals, denn wir sind immer auch Mensch, wenn wir hier sind. Diesen Teil sollten wir niemals verleugnen, denn sonst driften wir in höhere Sphären ab und verlieren den Bezug zur Erde.

Dein Seelenplan

Hier auf der Erde bist du dual: Du bist Mensch und Seele.

Beidem musst du entsprechen. Du darfst weder das eine noch das andere aus den Augen verlieren. Deshalb stehe mit beiden Beinen fest auf dem Boden, und halte die seelische Verbindung zu deinem wahren Seelendasein aufrecht. Sei Mensch und Seele.

Misserfolg ist der vermisste Erfolg. Es ist lediglich eine erwünschte Folge, die nicht eingetreten ist.

Erfolg und möglicher Seelenplan

Erfolg	Mögliche positive Folgen	Mögliche negative Folgen	Chancen	Gefahren
Der Erfolg	große innere Zufriedenheit	durch Neid der anderen ständig wechselnder Freundeskreis	Selbstbewusstsein und -verwirklichung; Zielstrebigkeit; positives Lebensgefühl; innerer Frieden	Überheblichkeit; Arroganz; übertriebener Ehrgeiz
Erträumter Erfolg	Möglichkeit der Neuausrichtung; Setzung höherer Ziele	häufiges Verrennen in Sackgassen; finanzielle Fehlinvestitionen	Kreativität; Gelassenheit; Pionierwesen	Neigung zum Festhalten an Fantasieschlössern; Realitätsverlust
Seelischer Erfolg	Selbstverwirklichung; Einheit aus Mensch und Seele; Erfüllung des Schicksals	–	inneres Wissen; Selbstvertrauen; Vorbildfunktion für andere	falsche Unsicherheit; Selbstunterschätzung
Ausbleibender Erfolg	Möglichkeit zur Änderung der Lebenseinstellung	drohender Selbstwertverlust	Bescheidenheit; Bewusstsein für die inneren Werte; Flexibilität	Lebensfrust; Depressionen; Versagensängste; Unsicherheit

Deine Prüfungen und Seelenaufgaben

Wir wachsen an allem, was wir schaffen,
denn es bestätigt uns in dem, was wir sind.

Das Leben ist kein Vergnügungspark, es bedeutet immer wieder harte Arbeit an uns selbst. Immer wieder müssen wir Prüfungen und Aufgaben bestehen, die uns fordern und reizen.

Prüfungen testen unsere Erfolge. Oft müssen wir mehrere Situationen meistern, bis wir das Erlernte verinnerlicht haben. Denn allzu oft fallen wir immer wieder in alte Muster zurück. Erst wenn uns das Erlernte in Fleisch und Blut übergegangen ist, bereitet uns die Situation kein Unwohlsein mehr, und wir haben die Prüfung gemeistert.

Aufgaben hingegen dienen unserer seelischen Fortentwicklung. Es handelt sich dabei um neue Lernaufgaben für das jetzige Leben. Man könnte sie ebenso als »allgemeine Aufgaben der Seele« bezeichnen. Im Gegensatz dazu sind die Seelenaufgaben höhere Ziele der Seele. Sie dienen damit auch der Menschheit und anderen Seelen.

Jede Prüfung dient deiner Entwicklung.

Die Prüfungen in deinem Leben sind Herausforderungen deiner selbst. Du willst wissen, was du kannst. Du willst wissen, was du schaffst. Du willst wissen, wie weit du auf deinem Pfad gekommen und zu wem du geworden bist. Bei Prüfungen im Leben kannst du nicht versagen, denn durch sie erkennst du deinen eigenen Seelenstand. Sie zeigen dir auf, was du alles begriffen hast, und woran du weiterhin arbeiten musst. Sie zeigen dir die Wahrheit über dein Selbst.

Prüfungen helfen uns, zu erkennen, wo wir im Leben stehen.

Also habe keine Angst vor deinen Prüfungen. Niemand wird darüber urteilen, wie du diese meisterst, denn es ist deine Seele selbst, die dich testet, und es bist nur du, der ein Urteil über dich fällt. Niemand ist dir böse, wenn du eine Prüfung nicht meisterst. Niemand verurteilt dich. Nur du selbst betrachtest dich.

Jeder Mensch hat seine eigenen Prüfungen, seine eigenen Herausforderungen, sein eigenes Minenfeld aus Schwierigkeiten und Problemen zu durchqueren.

Sieh nicht auf die anderen, denn du kannst nicht beurteilen, wie leicht oder schwer ihr Leben ist, genauso wenig, wie sie ein Urteil über dein Leben fällen können.

Selbst wenn du alles im Leben richtig machst – allerdings bin ich überzeugt davon, dass dies keinem Menschen zu jeder Zeit seines Lebens gelingen kann –, kann es passieren, dass du anderen Menschen Leid verursachst. Ganz einfach aus dem Grund, dass der andere mit deiner Wahl nicht einverstanden ist. Dadurch, dass du so entschieden hast, machst du ihn unglücklich, und dennoch war die Entscheidung für dich persönlich die richtige.

Und auch dir kann durch das richtige Handeln der anderen Leid widerfahren.

Manchmal handeln Menschen, die du liebst, in deinen Augen falsch, und dies kann dir Schmerz bereiten.

Dir kann also Leid im Leben widerfahren, auch wenn alle Menschen immer richtig handeln. Denn deine Handlungen dienen nur deinem eigenen Seelenheil – so, wie die Handlungen der anderen dem ihrigen dienen. Wenn also andere im Sinne ihrer Seele handeln, kann dir das Leid verursachen. In dieser Situation bist du dann zwar nicht für das Leid verantwortlich, doch trotzdem ist es dein Leid, und hat es Auswirkungen auf dich und dein Dasein. Du bist niemals gefeit gegen Leid und Schmerz. Doch du darfst dir auch nicht immer alles zu eigen machen. Du bist immer Teil des Ganzen, und so kann es passieren, dass du von Leid betroffen bist, ohne an diesem schuld zu sein, ohne dafür verantwortlich zu sein, ohne etwas daran ändern zu können.

Leid ist ein Teil des menschlichen Lebens, doch nur, wenn wir es als solches sehen.

Wenn jemand krank wird, den wir lieben, dann leiden wir. Wenn jemand stirbt, den wir lieben, dann leiden wir. Das Leben ist jedoch immer ein Kommen und Gehen, ein Kreislauf aus Geburt und Sterben. Tagein, tagaus kommen Kinder auf die Welt und verlassen Menschen diese Welt durch ihren Tod. Das ist der unendliche Kreislauf, den wir Leben nennen. Das ist eine ganz normale Angelegenheit, ein ganz normales Vorkommnis. Wir lesen davon jeden

Tag in der Zeitung, wir sehen es im Fernsehen, wir wissen, dass es so ist. Dennoch empfinden wir es als Leid, wenn es uns betrifft oder jemanden, der uns nahesteht, den wir schätzen und lieben.

Man kann Menschen nicht auf immer bei sich behalten, das funktioniert nicht. Das funktioniert genauso wenig, wie mit Gewalt zu lieben, denn:

Liebe und Leben sind zwei zarte Pflänzchen:
Je mehr man versucht, sie festzuhalten,
desto eher gehen sie kaputt.

Ich liebe das Leben, und ich hoffe, dass auch du es liebst. Aber dennoch gibt es Personen in unserem Umkreis, die das Leben schwer und anstrengend finden. Die der Meinung sind, das Leben sei furchtbar und voller Leid.

Leid ist immer irgendwo auf der Welt,
aber es streift uns nur von Zeit zu Zeit.

Gehöre nicht zu diesen Menschen, sondern lerne, mit dem Leid umzugehen. Du musst verstehen, dass Leid ein Teil deines Daseins ist. Doch es gibt auch einen anderen, einen wundervollen Teil. Leid gehört genauso zu deinem Leben wie Glück und Freude, wie Liebe und Dankbarkeit. Doch diese Herrlichkeit musst du erkennen. Lerne, den Schmerz und das Leid auszublenden und das Schöne zu sehen. Lerne, die Leichtigkeit und die Ruhe des Lebens zu genießen, wenn sie dich umgeben.

Praktische Übung:

Gehe in die freie Natur. Schließe kurz die Augen, und atme ein paar Mal tief ein und aus. Lerne, die Schönheit des Augenblicks zu schätzen. Vergiss alles, was dich ärgert. Alles, was dich belastet und vielleicht stört. Setze dich hin, und genieße die Freude der Sonne, das Grün der Wiese, das Rauschen des Windes. Das alles ist wundervoll, und es bringt dir kein Leid. Schaue, wie die Wolken ziehen – genauso ziehen alle Probleme von dir fort. Schaue den Vögeln hinterher, wie unbeschwert sie singen und fröhlich musizieren. Die Vögel fliegen von Baum zu Baum und genießen den wunderschönen Tag. Mache es ihnen gleich, und erhebe auch du deine unsichtbaren Flügel. Fliege durch den Tag, und verweile dort, wo es dir am besten gefällt. »Singe« deinen Mitmenschen ein fröhliches Lied, und erfreue dich am Leben.

Vermutlich stellst du dir inzwischen die Frage, was all diese Ausführungen über Leid mit deinen Prüfungen zu tun haben? Du wirst es gleich erfahren. Aber zuerst mache dir bewusst, dass das Leben alles beinhaltet: das Gute und das Schlechte. Leben heißt, an allem, was ist, teilzuhaben. Leben bedeutet, alle Gefühle, alle Stimmungen und alle Empfindungen auszukosten.

Der Mensch muss lernen, das Wunder der Welt zu sehen, es anzunehmen und es immer wieder zu zelebrieren.

Ein Leben nur mit den schönen Anteilen wäre nicht wirklich lebenswert und schon gar nicht erstrebenswert, denn das Leben muss den Menschen formen. Der Mensch muss an sich arbeiten, sich entwickeln, um zu dem zu werden, was Seelendasein bedeutet: ein Wesen der Natur zu werden, das sich selbst und seine gesamte Umgebung liebt und dies mit jeder seiner Handlungen zum Ausdruck bringt.

Das Leben dient der Erschaffung von Lebewesen, die trotz Leid, trotz widriger Umstände lachen, lieben und mit jeder Faser ihres Wesens leben.

Dies gelingt nicht mit einer heilen, wunderbaren Welt. Und nun erkennst du hoffentlich, was das Leid im Leben mit deinen Prüfungen zu tun hat, denn dieses Wunder aus dem Menschen heraus entstehen zu lassen, gelingt nur dem Leben mit all seiner Vielfalt, mit all seinen Prüfungen, mit all seinen Kriegen, Stürmen, Katastrophen und Schicksalsschlägen. Alles, was uns prüft, uns fordert, über die eigenen Grenzen zu gehen, und uns das Äußerste abverlangt, macht unser wahres Sein aus.

Erst im Angesicht von Katastrophen werden Helden und wahre Meister geboren.

Erst wenn einem durch seine Prüfungen alles abverlangt wird, erst dann erkennt man sein wahres Ich. Sein wahres Sein. Erst dann erkennt man die Seele eines Menschen ohne jegliche Maskerade und jeglichen Schein. Menschen erzählen viel und behaupten gerne noch viel mehr, aber wenn es wirklich darauf ankommt, dann erfährt man, welche Art von Mensch vor einem steht.

Worte sind geduldig, doch Taten sprechen Bände.

Im Leben werden wir alle geprüft, immer und immer wieder. Wir müssen uns beweisen und zeigen, wer wir wirklich sind. Das Schicksal erwartet von uns Stärke, obwohl wir meistens lieber schwach wären. Es erwartet von uns Demut, obwohl wir lieber tonangebend wären. Es erwartet von uns Liebe, obwohl wir manchmal Hass empfinden. Es erwartet von uns, zu leben, obwohl wir manchmal lieber aufgeben würden.

Im Angesicht des Schicksals erkennt man die wahre Größe eines Menschen.

Jedes Schicksal, das uns widerfährt, sorgt für unsere Entwicklung, für unser Wachstum. Es ist die Aufgabe des Menschen, auch in schweren Momenten Stärke, Kraft und Energie zu entwickeln und nicht den Kopf hängen zu lassen. Es gehört zu unseren Prüfungen, jede noch so schlimme Situation in etwas Gutes zu verwandeln. Auch wenn das Schicksal einen lieben Menschen von uns nimmt, ist es unsere Aufgabe, den Weg für den Verstorbenen fortzusetzen. Natürlich, wenn man jemanden für immer verliert, ist Trauer Teil dieses Prozesses. Doch die Trauer darf einen nicht vollkommen einnehmen, denn das Leben selbst ist zu kostbar, als dass man im Angesicht des Todes eines geliebten Menschen aufhören sollte zu leben. Dies bringt den anderen nicht zurück. Es macht den Tod des Menschen sogar zu etwas Sinnlosem, und dies hat der Verstorbene nicht verdient. Der geliebte Mensch ist aus einem ganz bestimmten Grund gegangen.

Jede Geburt und jeder Todesfall läutet ein neues Zeitalter ein.

Ein Mensch stirbt nicht einfach nur so. Wenn ein Mensch diese Welt verlässt, dann ändert sich vieles. Er hinterlässt immer bedeutende Veränderungen und eine große Lücke. Nichts ist für die Menschen in der näheren Umgebung so wie zuvor: für den Lebenspartner oder die Lebenspartnerin, für die Kinder oder Eltern, für die Geschwister und die anderen Familienmitglieder. Es verändert sich etwas für die Freunde, die Bekannten, die Arbeitskollegen und die Nachbarn. Die Hinterbliebenen müssen lernen, mit der neuen Situation umzugehen. Sie müssen lernen, trotz der Lücke weiterzugehen. Sie müssen sich neu orientieren und nun die Aufgaben des Verstorbenen übernehmen.

Niemand stirbt ohne Grund, auch wenn mancher Tod sinnlos erscheinen mag.

Der Tod verändert uns. Er macht uns nachdenklich. Erst wenn wir den Tod anerkennen, betrachten wir unser Leben aus einem neuen Licht. Der Tod macht uns verletzlich und unsicher. Er sorgt dafür, dass wir uns auf das Wesentliche zurückbesinnen. Der Tod lässt uns vieles Belanglose erst als solches erkennen.

Der Tod sorgt immer wieder dafür, dass wir erkennen, wie kostbar das Leben ist.

Wie schnell alles vorbei sein kann, wie schnell das alte Leben für immer verloren ist, dies zeigt uns der Tod. Er sorgt dafür, dass lange Streitereien beigelegt werden. Er sorgt oft für Frieden in der Welt. Er sorgt für Hintergründe und für Fragen. Er beleuchtet unser aller Leben in einem anderen Licht. Der Tod macht alle Menschen nachdenklich.

Wenn der Tod unser Leben streift, dann erfahren wir, was Leben wirklich bedeutet.

Falls du jemanden verloren hast, der dir viel bedeutet hat, hadere nicht mit deinem Schicksal. Der andere musste gehen, denn seine Zeit war gekommen. Der andere musste dich verlassen, denn die Seele hatte beschlossen, dieses Leben zu beenden. Es betrifft dich, denn du hast jemanden verloren, der dir wichtig war. Doch in erster Linie betrifft es den, der gegangen ist: Seine Seele ist einen Schritt weitergegangen. Dennoch ist die Seele des anderen immer noch da. Auch wenn du die Person nicht mehr sehen kannst, nicht mehr anfassen kannst, so ist sie immer noch da. Sie ist in deinem Herzen, sie ist in deinen Gedanken und sie ist Teil deines Lebens. Der Körper des Menschen ist zwar fort, aber das war nur seine Hülle. Das, was du an dem Menschen geliebt hast, ist immer noch bei dir. Du kannst immer noch die Aura spüren – direkt neben dir. Doch sieh nicht mit deinen Augen, sieh mit deinem Herzen, sieh mit deiner Seele, und du wirst den Verstorbenen erkennen. Wenn du dich darauf einlässt, dann wirst du seine Stimme hören. Nicht mit deinen Ohren, aber tief in dir drin. Du wirst erfahren, was er dir noch sagen wollte. Er wird dir auf deine Fragen antworten, er wird mit dir sprechen – und das intensiver als zu Lebzeiten, denn nun sprichst du mit demjenigen auf der Seelenebene, nicht auf der Verstandesebene.

Praktische Übung:

Sorge für Ruhe und Ungestörtheit. Setze dich aufrecht, aber entspannt hin. Schließe deine Augen, und atme tief ein und aus. Lasse deinen Atem lange Zeit fließen, ohne zu denken. Wenn Gedanken kommen, lasse sie einfach vorüberziehen. Wenn du tief in dir ruhst, gelöst von deiner Umgebung, dann stelle dir denjenigen vor deinen inneren Augen vor, mit dem du in Kontakt treten willst. Lasse seinen Körper wie ein Bild in dir erscheinen. Wenn du ihn vor deinen inneren Augen sehen kannst, genügt das fürs Erste.

Wiederhole diese Übung in den nächsten Tagen immer wieder, und versuche, das Bild jedesmal länger zu halten. Erst wenn du bei dieser Übung keine Probleme mehr hast, vor deinem inneren Auge denjenigen sichtbar zu machen, stellst du ihm eine Frage. Wenn du nicht beim ersten Mal eine Antwort vernimmst, ärgere dich nicht. Versuche, entspannt zu bleiben, und halte das Bild von ihm. Mit der Zeit wirst du in deinem Inneren seine Stimme vernehmen.

Deine Seele spürt jede Energie. Sie spürt alles. Sie weiß alles, was du wissen möchtest. Auf Seelenebene kannst du mit allem und jedem Kontakt aufnehmen, und zwar einen wahren und authentischen Kontakt. Eine Seele hat weder Hemmungen, noch spricht sie wie der Mensch Unwahrheiten aus. Deine Seele unterhält sich mit deiner gesamten Umgebung, wenn du, Mensch, es zulässt. Wenn du offen dafür bist. Wenn du nicht alles abblockst, was Eigenartiges um dich herum passiert.

Lasse deine Seele für dich sprechen, und jede Pflanze, jedes Tier sowie jede menschliche und ehemals menschliche Seele wird dir antworten.

Du wirst im Leben viele Prüfungen durchlaufen, immer und immer wieder. Du wirst getestet werden und analysiert. Manchmal wirst du an deinem Leid beinah innerlich zerbrechen. Alle Sicherheit wird wegbrechen, und du musst dich neu orientieren. Du kannst nicht zurück in die Zeit davor, denn die Belastung hat sich tief in dir eingebrannt. Sie bohrt so lange, bis du dich deinem Leid stellst. Erst wenn du es als Teil deines Lebens siehst und akzeptierst, kannst du langsam das Leid abschütteln und als neuer Mensch aus der Situation hervorgehen. Das Leben ist eine Schule, das Leben ist eine Prüfung und ein immer wiederkehrender Test.

Das Leben ist zwar nicht einfach und leicht, aber trotzdem kannst du es mit Leichtigkeit und Einfachheit meistern. Es liegt nur an dir. Es liegt an dir, ob du unter deinen Prüfungen stöhnst und ächzt oder ob du sie mit Liebe annimmst. Es liegt an dir, ob du sie als Strafe oder als Preis empfindest. Jede Prüfung, die du bestehst, bringt dich in deiner unendlichen Entwicklung vorwärts. Sie bringt dich vorwärts auf deinem Seelenweg.

Auch wenn es dir schwer erscheint, kannst du jede Situation meistern: Alles, was passiert, passiert für dich! Es passiert, um dir die Augen zu öffnen und um dein persönliches Leben zu etwas Einzigartigem zu machen. Manchmal teilen wir das Schicksal mit anderen Menschen, zum Beispiel, wenn in einen Unfall mehrere Personen verwickelt werden und sie scheinbar den gleichen

Schicksalsschlag erleiden. In Wirklichkeit ist aber nur eine klitzekleine Komponente dieselbe, nämlich der Unfall selbst. Alles andere unterscheidet sich und lässt sich nicht miteinander vergleichen. Manchmal gibt es uns Kraft, wenn wir mit anderen das scheinbar gleiche Schicksal teilen, aber dennoch ist es ein anderes. Jeder Mensch ist anders, und jeder Mensch hat eine eigene Vor- und eine Nachgeschichte, ein eigenes Schicksal.

Es gibt immer ein eigenes Davor und Danach – selbst wenn der Augenblick des Schmerzes gleich war.

Vergleiche dich daher nie mit anderen. Jeder muss seinen Weg für sich gehen, selbst wenn sich manche Wege kreuzen. Jeder muss sein eigenes Leben leben. Es gibt kein schlechteres und kein besseres Leben. Es gibt kein einfacheres oder schwereres. Das Leben ist etwas, was um uns herum passiert. Wir sind Teil davon – und es ist gut, ein Teil davon zu sein. Nimm deine Prüfungen an, sei stolz auf deine Erfolge. Lebe jeden Augenblick, jeden guten wie auch jeden nicht so guten, denn sie gehören alle zu dir. Alles ist Teil deines Lebens. Alles betrifft dich, sonst würde es nicht mit dir geschehen. Hadere nicht mit deinem Leben, hadere nicht mit deinen Schicksalsschlägen. Lebe dein Leben, und erfreue dich daran. Sei stolz auf deine Erfolge, und lerne aus deinen Misserfolgen, mehr erwartet deine Seele nicht von dir! Und mehr solltest auch du nicht von dir erwarten.

Deine Aufgaben

Ganz zu Anfang dieses Buches hast du erfahren, dass du dir deine Lebensaufgabe lange bevor du auf die Welt gekommen bist ganz genau überlegt und sie bis ins kleinste Detail geplant hast, und dass es an dir liegt, diese Aufgaben zu erfüllen.

Lebensaufgaben sind wichtig für jede Seele. Sie sind der Grund, aus dem wir auf der Erde verweilen. Sie sind unsere Bestimmung, sie sind unser Plan. Nimm deine Aufgaben immer ernst, denn sie erfüllen dein Leben mit Sinn. Sie sorgen dafür, dass du wichtig bist, dass dein Leben seine Bestimmung erfüllt.

Ein Leben ohne Erfüllung der Seelenaufgaben ist sinnlos und umsonst.

Seelenaufgaben können sehr verschieden sein, aber alle sind wichtig. Manche Seelen haben viele Aufgaben, manche nur wenige, dafür aber umso wichtigere. Manche Menschen erfüllen ihre Seelenaufgabe und verschwinden dann gleich wieder von unserer Welt, denn den Sinn und Zweck ihres Lebens haben sie dann erfüllt.

Manche Seelen stellen ihr Leben ausschließlich in den Dienst anderer Seelen. Sie leisten ihnen dadurch einen großen Dienst. Solche Seelen haben die Chance, sich mit ihrem Leben sehr weit zu entwickeln, aber dies ist nicht einfach. Es ist mit die schwierigste Herausforderung, der sich eine Seele im menschlichen Leben stellen kann. Solche Seelen wählen einen frühen Tod, eine schwere Krankheit oder eine Behinderung, wodurch ihr menschliches Leben schwer verläuft.

Wenn wir das Glück haben, in unserem Leben von solchen Seelen begleitet zu werden, erkennen wir dieses Geschenk oft nicht an, sondern sehen meist nur den frühen Verlust. Doch wir müssen lernen zu begreifen, dass diese selbstlosen Seelen uns selten ein Leben lang begleiten, da sie uns nach der Erfüllung ihres Seelenplans wieder verlassen und in eine eigene Welt gehen müssen. Warum sollten sie auch hier auf Erden bleiben, wo alles anstrengend und herausfordernd ist, wenn sie ihren Teil bereits erfüllt haben? Es wäre egoistisch von uns Menschen, dies zu wünschen, denn eine Seele ohne Aufgaben hat keinen Daseinsgrund in unserer Welt.

Vielleicht bist du nun der Ansicht, dass die Seele doch die nächste Aufgabe hätte angehen können, damit sie hier bei dir hätte bleiben können. Doch so einfach ist das mit den Seelenaufgaben nicht.

Jede Seelenaufgabe ist wohl durchdacht und lange geplant.

Es ist eine große Verantwortung, die richtige Aufgabe auszuwählen, denn Seelenaufgaben sind nicht wie die kleinen Prüfungen des Lebens, die uns nur kurz betreffen und in zahlreicher Menge vorkommen. Seelenaufgaben beeinflussen unser gesamtes Leben. Sie sind entscheidend, weil sie das ganze Leben in einem bestimmten Winkel ausrichten.

Seelenaufgaben bilden die Basis allen Seins.

Jedes Leben wird von Seelenaufgaben geprägt, und je mehr Leben wir bereits hatten, desto mehr Seelenaufgaben mussten wir meistern. Seelenaufgaben sind groß und umfangreich. Sie beeinflussen uns jeden Tag, sie fordern uns heraus, sie zwingen uns zu großen, heldenhaften Taten. Und sie dienen der gesamten Menschheit, sie dienen dem großen Ganzen auf der Welt. Seelenaufgaben sind schwer, aber sie sind der Schatz der Menschheit.

Seelenaufgaben sorgen für die eigene Göttlichkeit und gleichzeitig für die Demut vor dem Leben.

Keine Seele würde sich vor eine andere stellen. Keine ist besser, keine schlechter. Und deswegen sind auch alle Seelenaufgaben gleich wichtig, denn sie sorgen für die Se(e)ligkeit des Menschen. Sie sorgen für Wandel und Glück. Sie sind ein Dienst am Menschen, ein Dienst an der Seele, ein Dienst auf Erden.

Seelenaufgaben dienen der eigenen Entwicklung und der Entwicklung anderer.

Seelenaufgaben sind groß und bedeutend. Sie geben viel und nehmen wenig. Sie dienen und berühren. Sie sorgen für das Beste im Menschen, für die Bestimmung der Seele. Sie verändern und verbessern unser Leben, die gesamte Welt, das ganze Universum. Jede einzelne Seelenaufgabe bewirkt steten Wandel. Sie verändert den Ausführenden, indem er reifer und weiser wird, denn oftmals verlangt sie unendlich viel von ihm ab. Der Mensch muss sich häufig erst überwinden, er muss Dinge tun, die unangenehm sind, die ihn selbst herausfordern, die ihn über seine eigenen Grenzen gehen lassen. Doch die Seele erwartet diese Entwicklung, diese Arbeit am Sein. Sie gibt sich nicht mit einfachen Dingen zufrieden, denn das Einfache ist ihrer unendlichen Entwicklung nicht würdig. Seit etlichen Inkarnationen formt und wandelt sich die Seele. Sie arbeitet vielleicht schon seit Tausenden von Menschenjahren an sich. Sie hat bereits so vieles erlebt, so vieles durchgemacht, dass Einfachheit nicht mehr ausreicht.

Deine Seelenaufgaben formen dich wie nichts auf der Welt.

Mache dir noch einmal bewusst: Du bist als Seele auf dieser Erde, weil du dich selbst verändern und wachsen willst. Du bist hier, weil du es so willst. Du wurdest nicht zu diesem Leben gezwungen oder dazu überredet. Nein! Es war dein freier Wille, der dieses Leben so gewählt hat, wie es gerade ist. Dein Leben ist schön, es ist gut und es ist genau richtig so. Deine Geburt war der Start, und dein Tod wird einst das Ende dieses Lebens sein.

Gehe deinen Weg, folge deiner Bestimmung, erfülle deine Aufgaben – und du wirst dich selbst finden.

Hadere niemals mit deinem Schicksal, und verzweifle niemals an deinen Aufgaben, denn alles ist so, wie es sein soll. Lerne, das Glück in dir selbst zu finden. Glück heißt nicht immer, eine eigene Familie mit Kindern, einen gut bezahlten Job oder viel Geld auf dem Bankkonto zu haben. Glück ist etwas ganz anderes, etwas ganz Persönliches. Glück ist beispielsweise ein Tag ohne Schmerz, ein Stück Schokolade, der erste Schritt auf den eigenen Beinen, das Lächeln eines Menschen. Glück hat viele verschiedene Gesichter. Glück ist nicht einfach nur da, es ist zart und zerbrechlich. Glück hat auch niemals etwas mit Geld zu tun, auch wenn das Wort in diesem Zusammenhang oft verwendet wird.

Praktische Übung:

Sorge für Ruhe und Ungestörtheit, und nimm dein Seelenbuch zur Hand. Schreibe als Überschrift: »Glück bedeutet für mich ...«. Notiere alles, was dich im Moment glücklich macht. Über was würdest du dich sehr freuen? Was würde dir viel bedeuten? Schreibe auch kleine Wünsche auf, aber natürlich auch die großen. Anschließend schreibe auf, was dich als Kind glücklich gemacht hat. Vielleicht fallen dir glückliche Momente aus deiner Vergangenheit ein. Wenn du alles aufgeschrieben hast, vergleiche das Früher mit dem Heute. Hat sich die Bedeutung von Glück für dich geändert? Freust du dich heute mehr oder weniger als früher über die kleinen Dinge im Leben?

Glück ist wie ein seidener Faden: Er zieht sich durchs Leben, aber er zerreißt, wenn man zu heftig daran zieht.

Seelenaufgaben verbreiten Glück, wenn man sie gemeistert oder wenn man sie verstanden hat. Zuvor war es schwer, und man hat viel Kraft, Geduld und Ausdauer benötigt. Doch wenn man dies alles investiert hat, relativiert es sich – wie alles auf Erden. Denn die Zeit, die man hier verbringt, ist nicht wichtig. Wir sind hier nur auf der Durchreise. Es ist wie bei einer Weltreise: Man besucht eine wunderschöne Stadt. Sie fasziniert einen, aber irgendwann muss man weiterziehen. Doch die nächste Stadt wird auch ihren Charme und ihr Flair haben und ebenso die darauffolgende und so weiter. Wäre man aber in der einen Stadt geblieben, hätte man die anderen schönen Städte niemals gesehen. Um eine Weltreise machen zu können, muss man einfach eines Tages weiterziehen.

Unser gesamtes Leben verläuft so: Alles, was schön ist, muss man irgendwann verlassen, doch dafür begegnet einem etwas neues Schönes auf unserem Weg. Und auch das Leben muss man irgendwann hinter sich lassen, will man auf seiner Seelenwanderung weitergehen.

Das Leben ist Wandel, es ist Herausforderung, es ist unendlich und wunderschön.

Wenn das eine Leben vorüber ist, kommt irgendwann das nächste. Versuche nicht, dein Glück festzuhalten. Es ist so zerbrechlich wie ein kleiner Vogel: Je mehr du versuchst, es festzuhalten, desto eher fliegt es fort, und wenn du zu fest drückst, dann stirbt das Glück – so wie der kleine Vogel. Genießt du aber das Glück, solange es in deiner Hand ist, und lässt es irgendwann fort, dann wird es beim nächsten Mal wieder zu dir kommen.

Deine Seelenaufgabe

Alle Seelenaufgaben haben etwas gemeinsam: Sie dienen einem selbst, sie dienen anderen, sie dienen der Menschheit, und sie sind durchweg positiv. Es gibt dabei einige Hauptgruppen, welche sich weiter untergliedern lassen.

Folgende Hauptgruppen für Seelenaufgaben gibt es:

- Heilung
- Menschlichkeit
- Fürsorge
- Liebe
- Gerechtigkeit
- Frieden
- Entwicklung

Alle anderen Untergruppen entwickeln sich aus diesen sieben Aufgaben. Sie haben den gleichen Stellenwert, denn sie dienen alle der Entwicklung unseres Seelenwachstums. Es ist unterschiedlich, wann und wie diese Aufgaben in unser Leben treten. Manchen Seelen gefällt eine Aufgabe besonders gut, und daher ergreifen sie diese häufiger. Seelen können sich auf eines der Aufgabengebiete spezialisieren, doch irgendwann müssen alle Aufgaben gemeistert werden, um die eigene Seele zu vervollkommnen. Dies geschieht natürlich nicht in einem Leben, sondern es bedarf dafür vieler menschlicher Leben. Doch keine der Aufgaben darf ausgelassen werden, denn sonst würde es zu einem Ungleichgewicht im Seelendasein kommen.

Praktische Übung zum Erkennen deiner Seelenaufgabe:

Nimm dir wieder etwas Zeit, und lies dir in Ruhe die sieben Gruppen der Lebensaufgaben durch. Denke über jeden einzelnen Punkt eine Weile nach, und betrachte, was in deinem Leben bisher alles geschehen ist. Du wirst dich besonders bei einer der Hauptgruppen wiederfinden, denn dein bisheriges Leben hat dich sicher immer wieder mit einem der Aufgabengebiete konfrontiert. Sei es in Form deines gewählten Berufes oder aber in Form von Konflikten, Herausforderungen und Begegnungen.

Tief in dir weißt du, welche deine Aufgabe auf Erden ist, denn du wirst von einer unsichtbaren Kraft immer wieder zu dieser hingezogen. Irgendetwas verlangt von dir, dass du dich mit dieser Aufgabe beschäftigst. Dein Thema mag nicht leicht sein, aber es gibt dir eine ungemeine Befriedigung, wenn du eine entspre-

chende Herausforderung gemeistert, wenn du dich mit dem Thema erfolgreich beschäftigt hast – egal, wie mühsam der Weg war.

**Für das Lebensthema lohnt es sich, alles zu opfern,
denn es ist deine Bestimmung, dein Weg und dein Ziel.**

Dies liegt an der Tatsache, dass du genau das geschafft hast, wofür
du auf dieser Erde bist. Warum du manches Lebensleid auf dich
genommen und warum du Schmerz erfahren hast. Nicht deine Eltern, nicht dein Partner oder deine Partnerin, nicht deine Kinder,
nicht deine Freunde sind die Aufgabe deines Lebens. Es geht um
deine Seele und ihre Entwicklung. Deine Mitmenschen verlassen
dich irgendwann, du kannst sie nicht ein Leben lang festhalten.
Ganz im Gegenteil: Je mehr du dich an andere Menschen klam-
merst, desto eher wirst du sie verlieren. Deine Seelenaufgabe besteht nicht aus einer anderen Person. Sie dient dem Wohle vieler,
daher darf sich nicht alles um einen Einzelnen drehen.

Abgesehen von deinen Eltern oder anderen älteren Verwandten
waren die Menschen, die du liebst, nicht immer bei dir. Du hast ge-
lacht, gelebt und geliebt, bevor sie in dein Leben traten. Und auch
deine Eltern werden eines Tages alt sein, und ihre Seelen werden
weiterziehen – das ist der normale Lauf der Welt. Freue dich, dass
sie jetzt in deinem Leben sind, aber wisse, dass dies nur für eine
begrenzte Zeit der Fall ist. Wisse, dass es eine Zeit ohne sie geben
wird. Irgendwann trennen sich eure Wege, denn nur selten verlaufen zwei Lebenswege das gesamte Leben zusammen. Liebe deine
Mitmenschen, und freue dich, mit ihnen eine bestimmte Zeit gemeinsam zu leben, aber klammere dich nicht an ihnen fest.

Menschen, die du liebst, können lediglich eine Begleitung in deinem Leben sein, niemals dein Leben selbst.

Denn dein Leben ist deine Aufgabe. Wisse um den Wert dieser Seelenaufgabe. Wisse, wie wichtig du bist, auch wenn du nur ein kleines Rädchen auf der Welt bist. Deine Seelenaufgabe ist wichtig für dich, für die Menschen, die du liebst, für deine Umgebung und für die Entwicklung dieser Welt. Jedes Rädchen, das sich dreht, kann etwas Großes bewegen, denn wir alle sind ein Teil davon. Wir sind alle Teil des Großen und Ganzen. Wir sind diese Welt.

Seelenaufgaben und möglicher Seelenplan

Seelen-aufgabe	Typische Berufe	Typische Charakterzüge	Gefahren
Heilung	Arzt; Krankenschwester; Physiotherapeut; Heilpraktiker; Heiler; Psychologe etc.	mitfühlend; liebevoll; einfühlsam; zärtlich; warmherzig	Burn-out; Selbstaufgabe durch starkes Einfühlungsvermögen und fehlende Distanz zum Leid anderer
Liebe	Priester; Nonne; spirituelle Berufe; Künstler etc.	einfühlsam; liebevoll; mitfühlend	Aufopferung; Selbstaufgabe
Frieden	Priester; Politiker; Polizist; Jurist etc.	durchsetzungsstark; charismatisch	Machtmissbrauch
Menschlichkeit	Entwicklungshelfer; Bewährungshelfer; soziale Berufe etc.	sehr sozial; fürsorglich	Frustration über Misserfolge; Radikalisierung
Gerechtigkeit	Anwalt; Richter; Politiker; Beamter; Polizist; Lehrer; Pathologe etc.	pedantisch; geduldig; ausdauernd	Machtmissbrauch; Manipulation
Entwicklung	Wissenschaftler; Mathematiker; Ingenieur etc.	sehr zielstrebig; ideenreich; sehr intelligent	Zielverfehlung; negative Entwicklungen
Fürsorge	Sozialarbeiter; Streetworker; Pfarrer etc.	sehr sozial	Selbstaufopferung; Frustration; Depression

Bist du auf deiner Lebensspur?

Viele Spuren führen durchs Leben,
doch es gibt nur eine richtige für dich.

Immer wieder gibt es Phasen im Leben, in denen es nicht nach den eigenen Vorstellungen läuft. Man fühlt sich seinem Umfeld, dem Außen ausgeliefert. Es scheinen Dinge zu passieren, ohne dass man Einfluss auf sie hat. Und dennoch betreffen sie einen. Sie wirbeln einen durch das Leben, und man schafft es nicht, gegen sie anzukommen. Das Leben scheint zu dieser Zeit ein Strom von Ereignissen zu sein, der die eigene Person rücksichtslos mitreißt.

Manchmal wirft uns das Leben aus unserer scheinbaren Bahn.

Doch dieses Gefühl ist trügerisch. Wir meinen, dass wir erst *durch* die ganzen negativen Ereignisse unseren Kopf, unsere Selbstsicherheit und unsere Lebensführung verlieren würden. Doch in Wirklichkeit ist es genau andersherum. In Wirklichkeit waren wir bereits *vor* diesen Ereignissen neben unserer Spur, neben unserem eingeschlagenen Weg.

In Wirklichkeit dient das Gefühl der Hilflosigkeit unserem inneren Willen und unserer inneren Stärke.

Durch das Gefühl, den Lebensumständen ausgeliefert zu sein, sollen wir begreifen, dass es an der Zeit ist, unser Leben wieder selbst in den Griff zu bekommen. Uns wird bildlich gezeigt, dass wir im Moment nicht die Zügel in der Hand halten, dass wir andere Dinge im Kopf haben, als die, die wir eigentlich angehen und um die wir uns eigentlich kümmern sollten. Das Leben ist jederzeit ehrlich mit uns. Es betrügt uns nicht, denn wir bestimmen es selbst von Anfang bis zum Ende. Das Leben, wie es ist, zeigt uns ganz exakt, auf welchem Pfad wir uns derzeit befinden. Es weist uns auf all unsere Fehler und Unzulänglichkeiten hin.

Das Leben selbst ist immer ehrlich und wahrhaftig.

Ein Beispiel: Nehmen wir an, dein Leben ist ein Theaterstück und du bist einer der Schauspieler. Deine Schauspielkollegen kennen deine Rolle bis ins Detail, da du bei jeder Aufführung gleich agierst. Was würden deine Kollegen machen, wenn du in dem Stück plötzlich etwas anderes tust als bisher? Wenn du einen anderen Text aufsagst oder aus deiner Rolle schlüpfst und jemand anderen darstellst? Ganz genau, deine Mitspieler würden nicht begeistert sein, sie würden dich nicht gewähren lassen, denn du bringst sie mit deinem Rollenwechsel völlig aus dem Konzept. Du entreißt ihnen den roten Faden des Stückes. In der Pause oder nach dem Stück werden sie dich vor lauter Wut, Ärger und Frust beschimpfen.

Im Leben ist es wie in einem Theaterstück:
Wenn wir unsere Rolle plötzlich ändern, stoßen wir
auf vehementen Widerstand.

So, wie unsere Schauspielkollegen uns zu verstehen geben, was sie davon halten, so, weisen uns auch unsere Mitmenschen auf unseren Spurenwechsel hin. Alles scheint sich plötzlich gegen uns verschworen zu haben und jede Menge Widerstände pflastern unseren Weg. Irgendwann wird dieser Druck zu groß für uns und wir fangen an, unser Dasein und unsere derzeitige Situation zu überdenken. Und genau dies meine ich damit, wenn ich sage, dass das Leben immer ehrlich zu uns ist. Es zeigt uns deutlich, wann wir nachdenken, wann wir uns neu orientieren und wann wir uns zurück auf unsere Lebensspur besinnen sollen.

Wenn alles gut und schön ist, ändert der Mensch nichts.

Dann lebt er sein Leben weiter wie bisher. Das ist der erste Schritt zum Stillstand. Der erste Schritt zur Stagnation. Das Leben will aber, dass du immer weitergehst, dass du dich entwickelst, dass du besser und besser wirst. Wozu sollte sonst das Leben dienen? Das Leben ist ein Geschenk, es ist ein Schatz, den du gut und sicher hüten musst. Das Leben ist wertvoll, denn es stehen dir alle Türen und Tore offen, damit du ein engelgleiches Wesen werden kannst. Im Leben kannst du alles erreichen, wenn du es nur willst. Auf dieser Welt gibt es unendlich viele Ausdrucksmöglichkeiten für dich, für deine Seele. Die ganze Welt steht dir dafür offen. Breite deine Arme aus, und nimm dein Schicksal an.

Hüte dein Leben wie einen wertvollen Diamanten. Außen mag er dreckig und kantig sein, aber innen ist er voller Pracht und glitzerndem Licht.

Jedes Leben ist wertvoll. Jedes Leben ist ein Geschenk deiner Seele. Wirf es nicht weg, weil du Schwierigkeiten hast, weil du unglücklich bist, weil du ein anderes Leben haben willst. Wärst du nicht auf dieser Welt, gäbe es ein seelisches Loch. Ein Loch für die Menschen, die dich lieben, die dir begegnet sind. Denn dein Platz ist hier, hier auf dieser Welt. Du veränderst diese Welt durch deine bloße Anwesenheit. Du bringst sie zum Leuchten. Du bist wichtig für alle anderen Menschen, denn du bist eine Seele, die hier ist, um zu wachsen und zu gedeihen. Blühe auf, und erstrahle im Lichte deiner Umgebung.

Seelen lieben das Leben, denn es ermöglicht ihnen einen Ausdruck in einer schwierigen Welt.

Es ist sehr schwer, immer auf seiner Lebensspur zu sein. Das schafft fast kein Mensch, die meisten kommen immer mal von ihrem Weg ab. Wichtig ist nur, dass man den Weg zurück immer wieder sucht und findet. Wir können niemals alles richtig wählen, sonst müssten wir erst gar nicht auf diese Welt kommen und in menschlicher Gestalt leben. Wenn wir alles sofort wissen und können würden, müssten wir nicht hier auf Erden leben, bevor wir ins Paradies gelangen. Daher gräme dich nicht, wenn du deinen Weg zwischendurch verlierst. Orientiere dich neu, und wenn du zurück auf deinen Weg gelangt bist, wird es so sein, als hättest du ihn niemals verlassen.

Nicht jede Schwierigkeit im Leben bedeutet, dass du vom Weg abgekommen bist.

Das weißt du bereits, daher lerne, zwischen den Schwierigkeiten in deinem Leben zu unterscheiden: Manche Dinge musst du dir gegen alle Schwierigkeiten der Welt erkämpfen, doch sie sind Teil deines Lebenswegs. Dann wäre es verkehrt, den falschen Schluss daraus zu ziehen und kampflos aufzugeben. Nicht jede Schwierigkeit zeigt dir eine Abweichung von deinem Lebensweg. Viele Seelen sind hier, um für ihre Hauptaufgaben einen erbitterten Kampf zu führen, gegen alle Widerstände. Rassismus, Sklaventum, Unterdrückung von Minderheiten, Bekämpfung der Armut und des Hungers – dies sind Beispiele für große Kämpfe, die Seelen ausfechten mussten und immer noch ausfechten müssen, um diese Ungerechtigkeiten abzuschaffen. Solch große Aufgaben sind immer mit massiven Widerständen behaftet und die Seelen, die sich diesen annehmen, müssen stark und kraftvoll sein, wenn sie etwas bewegen möchten.

Kämpfe für die Allgemeinheit oder für andere Personen haben nichts mit dem Verlust der Seelenspur zu tun, sondern sie sind großartige Seelenaufgaben.

Wenn es im Leben allerdings dauerhaft bei einer Angelegenheit »klemmt«, die einen persönlich betrifft, dann ist es unbedingt notwendig, zu recherchieren, ob man seine Lebensspur verlassen hat. Dauerhafte Schwierigkeiten, die nicht dem Wohle der Allgemeinheit dienen, zeigen, dass man von seinem Weg abgekommen ist. Sie und all die Menschen, die uns dabei im Wege stehen, machen uns auf diesen Umstand, auf diesen Irrtum aufmerksam.

Verdamme andere Menschen nicht für Schwierigkeiten, die sie dir bereiten, denn in Wirklichkeit helfen sie dir zurück auf deinen Lebensweg.

Es ist ein guter Dienst, den uns unsere vermeintlichen Feinde erweisen – auch wenn wir das selten so sehen. Wir geben den anderen die Schuld, wenn sie unsere Wünsche vereiteln. Wir ärgern uns darüber und toben und würden am liebsten laut schreien. Doch diese Menschen sind Seelen, so wie wir. Sie wissen von den höheren Zielen und dass unser Wunsch nur die Verirrung unseres antrainierten Verstandes ist. Sie wissen, dass unsere Seele dankbar sein wird, wenn wir zurück auf unseren eigentlichen Weg geführt werden. Uns ist dies zwar nicht bewusst, aber auch wir erweisen anderen Seelen diesen Dienst: Instinktiv geben wir unseren Mitmenschen genau die Antworten, die sie suchen. Wir handeln genau so, wie es nötig ist, damit sie erkennen, was ihre Seele will.

Personen, die uns scheinbar plagen, sind oftmals unsere besten Lehrer.

Sie zwingen uns immer wieder dazu, zu reagieren, auch wenn es uns noch so widerstrebt. Sie fordern uns so lange heraus, bis wir endlich dem Druck nachgeben und das verschlossene Ventil unserer Seele öffnen. Es wäre viel leichter, wenn wir schneller auf den empfundenen Unmut reagieren würden, denn dann würden wir weniger Schmerz und Leid erfahren. Wir wären dann viel früher bereit, uns der Aufforderung des Lernens zu stellen. Doch oft schlucken wir unseren Ärger viel zu lange herunter, schimpfen über die andere Person und über uns selbst, anstatt uns gleich der Lernaufgabe zu stellen. Erst wenn der Druck uns fast zerreißt, erst wenn wir kurz vorm Platzen sind, besinnen wir uns und stellen uns dem höheren Ziel, wieder auf unseren Weg zurückzufinden.

Erst wenn der Druck groß genug ist, fangen wir an, seelisch zu reagieren.

Wie bei einem Befreiungsschlag schaffen wir es endlich, unserem Gegenüber unsere Meinung zu sagen, uns zu verteidigen, uns zu rechtfertigen. Endlich fühlen wir uns stark und sicher genug, dem eigenen Ärger Luft zu machen und unsere eingeschlossene Seele zu befreien.

Solche seelischen Reaktionen lassen uns wachsen und gedeihen und innerlich jubilieren. Sie geben uns Kraft, Stärke und Energie, denn nun fühlt sich unsere Seele endlich bestärkt, sie fühlt sich endlich gehört, sie fühlt sich endlich im Recht. Wir vernehmen wieder ihre Stimme und finden zurück zu unserem Seelenweg.

Seelisches Reagieren offenbart unser wahres Selbst – alles andere ist nur ein Schauspiel, eine Farce, ein Verstecken.

Praktische Übung:

Wenn dir eine Person besonders schwer zu schaffen macht, dann konzentriere dich auf die Angriffspunkte, die du ihr immer wieder bietest. Was sagt er oder sie? Was tut er oder sie? Was will er oder sie, was du nicht bereit bist zu geben? Welche Reaktion würdest du ihm oder ihr gerne zeigen, schaffst es aber nicht? Vor welchem Schritt scheust du dich? Welche Eigenschaft hättest du gerne, um der Person gerecht zu werden?

Werde dir der von dir gewünschten Reaktion bewusst. Durchlebe sie in Gedanken, verinnerliche sie, bis es dir leicht fällt, die Worte zu sprechen, die du in Wirklichkeit von dir selbst erwartest. Denn das ist eine deiner Seelenaufgaben, das ist eine deiner Lernschritte, die du vollziehen sollst. Die deine Seele von dir wünscht. Übe, übe, übe es immer wieder im stillen Kämmerlein, vor dem Spiegel oder mit einem guten Freund. Wenn du in sicherer Umgebung wie im Schlaf zu dieser Reaktion in der Lage bist, dann bist du bereit, der Person wieder gegenüberzutreten. Du wirst dich wahrscheinlich trotzdem unsicher fühlen, und die alte Scheu, die alte Angst wird dich leicht blockieren. Aber du kennst die Worte und weißt ganz genau, was du sagen willst, du musst dich nur trauen.

Denke daran, dass dir dein Gegenüber nicht schaden, sondern dich lediglich dazu bringen will, endlich seelisch zu reagieren. Er erwartet sogar von dir, dass du den einstudierten Satz sagst. Dafür ist er da. Das ist seine Aufgabe. Achte jedoch bei deinen Worten immer darauf, den anderen nicht zu verletzen. Zahle es ihm oder ihr nicht heim. Man kann seinem Inneren immer Luft lassen, ohne die Person, die einem gegenübersteht, anzugreifen. Statt zum Beispiel etwas Beleidigendes zu sagen, wie »Du blöder Depp«, sollte man lieber Ich-Botschaften senden und über seine Empfindungen sprechen, indem man beispielsweise sagt: »Du hast mich mit deinen Worten zutiefst verletzt.«

Es wird wie eine Befreiung für dich sein – wie ein Festtag, wie Weihnachten und Geburtstag zusammen! Auch wenn er oder sie komisch reagiert, hast du es geschafft: Du hast dich selbst überwunden, du warst stark und unglaublich. Sei stolz darauf! Wachse daran und wisse, dass deine Seele jubiliert. Du hast ihr Raum und Platz gegeben. Du hast in ihrem Sinne gesprochen.

Werde dir bewusst, dass niemand das Recht hat, dich niederzumachen, dich zu verletzen, oder dich zu manipulieren. Doch es liegt an dir, deinen Mitmenschen Einhalt zu gebieten. Du musst sagen: »Stopp, bis hierher, aber keinen Schritt weiter!« Du hast nichts zu verlieren, wenn du andere Menschen in ihre berechtigten Schranken weist, selbst wenn es sich dabei um eine Person handelt, deren Liebe du ersehnst. Liebe macht niemals nieder. Sie gibt, sie ist erhebend und aufbauend. Sie verletzt und beleidigt nicht. Liebe ist ein göttliches und wundervolles Gefühl. Menschen, die dich wahrhaftig lieben, tun dir niemals absichtlich weh! Alle anderen geben dieses Gefühl nur vor und stellen sich dabei über dich. Lasse dies nicht zu, sondern stelle dich neben diese Person und erhebe dich zu der großartigen Seele, die du bist. Erhebe dich zu deinem wahren Sein. Du brauchst diese falsche Liebe nicht, um du selbst zu sein.

Du bist wundervoll, denn du bist Seele und bleibst Seele und wirst immer Seele sein!

Teil IV
Seelenenergie

Unser gesamtes Leben besteht aus Energie. Alles um uns herum ist reine, kostbare Energie. Auch wir bestehen nur aus Energie, genauso wie dieses Buch in deiner Hand oder der Stuhl, auf dem du sitzt, oder das Bett, auf dem du gerade liegst. Jedes Wort, das wir sprechen, und jede Tat, die wir vollbringen, ist durch unsere Energie geprägt. Alles, was wir denken, ist Energie, die durch den Raum schwebt. Wir atmen Energie, wir fühlen Energie, wir trinken und essen Energie. Alles auf dieser Welt ist pure Energie. Energie ist unser Leben.

Es gibt viele Möglichkeiten, Energie zu tanken. Es gibt unendlich viele Möglichkeiten, mehr Energie in sich aufzunehmen. Doch genauso schnell kann sich dieses wertvolle Lebenselixier verflüchtigen und einen leer und ausgebrannt zurücklassen. Energie ist für jeden Menschen unendlich kostbar, denn ohne sie ist er nicht lebensfähig, ohne sie ist er nur ein Schatten seiner selbst. Energie sorgt für Ausdauer, für Reichtum, für Kraft und Beständigkeit. Sie sorgt für den gesamten Organismus.

Energie ist die Kraft, die uns im Leben vorwärtstreibt.

Wir brauchen Energie für unseren Alltag, für unsere Aufgaben, für unsere Prüfungen. Ohne Energie schaffen wir rein gar nichts. Es ist wie bei einem elektronischen Gerät: Erst durch die Verbindung zum Strom, durch die Verbindung zu einer Energiequelle erwacht es zum Leben. Ohne Energie sind wir wie diese Geräte: ein leeres, lebloses Gehäuse. Die Energie erweckt uns, sie ist der Auslöser für alles was wir tun, sie sorgt für Gesundheit und für Fortschritt, für Entwicklung und unbegrenzte Möglichkeiten.

Energie ist der Motor unseres Lebens.

Doch es gibt noch eine andere, eine besondere Form der Energie. Eine bessere als die, die uns tagtäglich in unserem Leben umgibt. Gemeint ist damit nicht die kosmische Energie, die wir auftanken, oder die materielle Energie, die jede Materie – auch unser physischer Leib – ausstrahlt. Gemeint ist eine Energieform, die wie ein unendlicher Zauber, wie ein Wunder ist. Gemeint ist die für den Menschen bestmögliche Energieform: die reine Seelenenergie.

Seelenenergie ist die höchste energetische Form, die es gibt.

Was ist Seelenenergie?

Du bist Seele und du bist Energie –
du vereinst die Seelenenergie.

Seelenenergie ist reiner und stärker als jede andere Energieform. Man kann sie nicht kaufen, man kann sie nicht einklagen, man kann sie nicht erzwingen. Aber man kann sich Seelenenergie erarbeiten. Seelenenergie kommt nicht von außen, sie ist Teil deines Selbst. Seelenenergie kommt nur durch dich selbst – durch deine Seele.

Seelenenergie ist pure Lebenskraft in vollendeter Form.

Du weißt, dass deine Seele einen Plan und ganz bestimmte Vorstellungen für dieses Leben hat. Deine Seele hat dein Leben mit all seinen Aufgaben für dich vor langer Zeit festgelegt und wünscht sich nichts mehr, als dass du diesen Plan erfüllst.

Deine Seele wünscht sich, dass du das Leben als Mensch genauso lebst, wie du es dir als Seele ausgedacht hast.

Deine Seele möchte, dass du gemäß ihren Erwartungen durchs Leben gehst.

Diese Erwartungen zu erfüllen, ist nicht immer leicht. Im Gegenteil: Wir sind oft zu sehr Mensch, zu sehr Dickkopf und zu stur, um zu erkennen, was wesentlich ist. Manchmal haben wir auch zu viel Angst, zu viele Bedenken und Sorgen, um den geraden Weg zu wählen. Und häufig denken wir fünfmal im Kreis und einmal um die Ecke, bis wir dorthin gelangen, wo unsere Seele uns haben möchte.

Der Mensch steht sich zuallererst selbst im Weg.

Wir machen es uns häufig selbst schwer und erkennen dies noch nicht einmal. Jedem und allem geben wir im Leben die Schuld: Den Umständen, unseren Freunden, unseren Feinden – alle sind schuld, nur nicht wir selbst. Dabei liegt es an uns, den notwendigen Schritt zu gehen. Wir sind es, die sich verweigern, die nächste Stufe zu erklimmen. Wir sind es, die lieber stehen bleiben wollen, weil wir glauben, das sei sicherer. Doch das Leben selbst lässt uns erkennen, dass Stehenbleiben auch eine Art des Rückschritts ist, denn das Leben zieht weiter und die Dinge ändern sich.

Wenn wir stehen bleiben, zieht das Leben an uns vorbei, sodass wir uns rückwärts bewegen.

Wichtig ist, dass man lernt, über seinen Schatten zu springen und keine Bedenken zu haben, ins Ungewisse zu gehen. Schließlich können wir niemals sicher wissen, was passieren wird. Wir können nicht einmal sagen, was im nächsten Augenblick geschehen wird. Gut, wir können es erahnen und das manchmal mit hoher Wahrscheinlichkeit, aber eine absolute Gewissheit gibt es nicht. Immer kann etwas Außergewöhnliches passieren, das wir nicht voraussehen oder mit dem wir nicht rechnen können.

Im Leben gibt es keine Garantien, aber es gibt uns Sicherheit, wenn wir dem Ruf unserer Seele folgen.

Deine Seele hat keine Angst. Sie hat niemals Angst, denn Seelen kennen dieses Gefühl nicht. Angst macht schwach und unsicher. Angst lähmt und sorgt für Schutzbedürftigkeit. Doch Seelen brauchen keinen Schutz, denn sie bilden selbst den besten Schutz für den Menschen – wenn er sich darauf einlässt. Er muss ihr und somit sich selbst vertrauen, denn er ist nichts anderes als seine Seele.

Wichtig ist, dass es uns gelingt, uns selbst zu entschlüsseln. Wir müssen uns selbst öffnen, uns selbst verwandeln, indem wir erkennen, wer wir wirklich sind:

Wir sind Seelen mit einem höheren Plan. Geschöpfe, denen nichts an Banalitäten, denen nichts an Geld und Herrschaft über anderen liegen sollte, vor allem nicht, wenn wir es nicht einmal schaffen, uns selbst zu beherrschen. Wir brauchen kein Prestige, wir brauchen keinen Luxus. Wir brauchen nur uns selbst.

Wir sind Seelen mit ganz klaren Zielen, Ideen und Vorgaben – wir müssen dies nur erkennen, dann leben wir wirklich und wahrhaftig in dieser Welt.

Dann können wir uns von allen menschlichen Schwächen befreien, von den Vorstellungen unseres Geistes, von den Irrungen unseres Verstandes, von allen menschlichen Zwängen, Ängsten und Unzulänglichkeiten. Dann können wir uns befreien von allen energetischen Engpässen, Tiefen und Dingen, die uns Energie entziehen. Wir können im Einklang mit unserer Seele schweben. Schweben in Energie, in Energie und noch mehr Energie. Dann können wir eins werden mit unserer Seelenenergie.

Seelenenergie ist die Energie, die wir aus dem Agieren als Seele ziehen. Sie ist die Kraft, die unseren menschlichen Körper in die energetische Schwingungsfrequenz unserer Seele bringt.

Seelenenergie ist die höchste Energiefrequenz, die ein Mensch im Leben erreichen kann.

Denn je nach Stufe der Spiritualität eines Menschen steigt die Frequenz seiner Schwingung. Wenn der Mensch im Sinne seines Seelenplans agiert, steigt die Energiefrequenz der verschiedenen

Energiekörper bzw. Auraschichten[11] auf ein ähnliches Niveau wie der eigene Seelenanteil. Dadurch schwingen Seele, alle feinstofflichen Körper und der physische Leib in einer Art Gleichklang, auch wenn die Frequenz der Schwingung natürlich nicht gleich ist. Sie gehen miteinander in Resonanz, und es entsteht eine tiefe Verbindung zwischen den verschiedenen feinstofflichen Körpern des Menschen. Wenige Menschen erreichen diese energetische Einheit zwischen Körper und Seele, denn zu viele leben einfach so vor sich hin und machen sich keine Gedanken über den Sinn ihres Lebens oder über die Ziele ihrer Seele. Sie wandeln durch ihr Leben, ohne zu wissen, wer sie sind, warum sie hier sind und wohin sie wollen. Diese Menschen leben nur vor sich hin und wundern sich dann, wenn sie unglücklich sind und ihr Leben auf einmal schwer erscheint.

Die Menschen aber, die erkennen, wie wichtig ihr Leben ist, wie bedeutend jeder gelebte Tag, wie bedeutend jeder Augenblick, den sie hier verbringen, die stechen deutlich aus der Masse heraus. Denn ihre Schwingungsfrequenz hebt sich von der niedrigeren Schwingung ihrer Mitmenschen ab.

Je intensiver der Mensch die eigenen seelischen Bereiche erkennt und lebt, desto höher schwingt sein Körper.

---

11 Es gibt insgesamt sieben Auraschichten: 1. Physische Körper, 2. Ätherkörper, 3. Astralkörper, 4. Mentalkörper, 5. Kausalkörper, und die 6. und die 7. Schicht sind nur noch rein geistiger Natur bzw. rein seelische Aspekte. Mehr zu diesem Thema steht in meinem Buch *Energie. Grundlage des Lebens. Von grundlegenden Energiezentren bis zu Energieräubern*, Schirner Verlag 2012.

Wenn der physische Leib mit seinen feinstofflichen Anteilen in energetischer Einheit mit der Seele ist, dann leuchten die Menschen wie ein helles Licht in ihrer Umgebung. Es handelt sich hier um kein physikalisches Licht, sondern um ein spirituelles. Es ist ein inneres Leuchten, das die Umgebung erhellt. Es handelt sich um ein inneres Funkeln, das man bereits von Weitem sehen kann. Aus diesen Menschen leuchtet die eigene seelische Göttlichkeit. Es ist das schönste Licht eines Menschen. Sie strahlen Ruhe und inneren Frieden aus. Sie sind in ihrer goldenen Mitte. Sie sind bei sich selbst, bei ihrer Seele.

Menschen, die ihr Leben der Seele widmen, vereinen in sich Ruhe, Frieden, Glück, Liebe und Licht – sie kennen ihre Mitte.

Menschen, die dieses innere Strahlen besitzen, diese innere unendliche Ruhe, sind die einzigen Menschen, die hier auf Erden wahrhaftig zu Hause sind. Denn sie sind ganz nah bei sich, sie sind ganz nah bei ihrer Seele.

Sie haben viele ihrer weltlichen Probleme gelöst, indem sie erkannt haben, dass sie nicht weltlich, sondern göttliche Seelen sind. Sie müssen sich nicht mehr selber finden und erkennen. Dadurch sind sie in der Lage, anderen Menschen Halt zu geben, denn sie brauchen sich nicht mehr mit Dingen herumzuschlagen, die banal, einfach und absolut unwichtig im Leben sind, wie beispielsweise die Hecke, die der Nachbar nicht schneidet, die alte Frau im Supermarkt, die an der Kasse etwas länger braucht, oder der Radfahrer, der uns auf dem Fußgängerweg behindert.

Menschen, die die eigene Göttlichkeit in Form ihrer Seele gefunden haben und als Mensch mit ihrer Seele im Gleichklang leben, sind ein großes Vorbild und die beste Inspiration für andere Menschen. Sie werden oft bewundert, denn egal, was passiert, sie strahlen eine göttliche Ruhe aus. Sie sind wie der Fels in der Brandung: Nichts bringt sie aus der Ruhe, sie sind stabil und ohne Angst und der beste Halt für ihre Mitmenschen. Sie werden verehrt und beneidet. Sie sind Meister des menschlichen Seins. Sie sind das Ziel vieler Suchender.

Menschen, die im göttlichen Sein leben, werden oft heldenhaft verehrt.

Es gibt jedoch Menschen, die nur einen Teil ihrer Seele gefunden haben, aber trotzdem versuchen, für andere ein Guru zu sein. Sie genießen und forcieren die heldenhafte Verehrung. Sie genießen die Massen, die sie emporheben und anbeten. Doch Menschen, die wirklich im Gleichklang mit ihrer Seele leben, brauchen diese Heldenverehrung der eigenen Person nicht. Sie würden sich niemals über andere Menschen stellen, denn seelisch lebende Wesen heben andere Menschen eher empor und tragen sie auf den eigenen Schultern, anstatt sich von ihnen tragen zu lassen. Große spirituelle Führer und Meister sind immer bescheiden. Sie sind demütig und achten andere Lebewesen mehr als sich selbst. Sie stellen ihr Leben in den Dienst der anderen und opfern sich auf. Sie brauchen keine Verehrung, um sich gut zu fühlen, sondern sie wollen vielmehr Teil der Masse »Mensch« sein. Denn wenn sie Teil dieser Masse sind, sind ihnen alle anderen Menschen gleich. Sie haben Anteil an dem eigenen göttlichen Schwingungsbereich.

Wahre Meister wünschen sich diese Entwicklung für jeden Menschen. Falsche Gurus lieben die Verehrung durch die Massen, und sie brauchen diese kleine Herrschaft. Sie fühlen sich erhaben, wenn andere buchstäblich vor ihnen knien. Sie manipulieren die Menschen und spielen ein Rollenspiel. Es ist schade, dass es im Bereich der Spiritualität einige solcher schwarzen Schafe gibt. Sie haben zwar einen Teil ihrer seelischen Entwicklung gemeistert, doch sie sind dann vor lauter Erhabenheit wieder in ein menschliches Ego gefallen. Mit wahrer Spiritualität hat dies nichts zu tun, auch wenn es nach außen hin den Anschein haben mag.

Ein erleuchteter Mensch zündet mit seiner Flamme die Kerzen seiner Mitmenschen an, damit sein Licht nicht stärker strahlt als das der anderen.

Der erleuchtete Mensch bringt andere Menschen zum Leuchten. Dies ist sein Ziel, seine Seelenaufgabe und seine göttliche Bestimmung.

Seelenenergie ist der beste Schutz im Leben

Schutz brauchst du nur vor dir selbst, denn nichts anderes kann dich zerstören.

Es gibt nichts Stärkeres, nichts Kräftigeres im Leben als die Seelenenergie – wenn wir uns ganz auf unsere Seele einlassen.

Viele Menschen wandeln jedoch zeit ihres Lebens durch die Welt, ohne sich den Kopf zu zerbrechen, warum sie hier auf Erden sind, ohne auf ihre Seele zu hören. Diese Menschen vergeuden ihr Leben, denn sie schneiden sich selbst von ihrer Bestimmung, vom Sinn ihres Lebens, von ihrer Seele ab.

Damit du nicht zu diesen Menschen gehörst, musst du dich auf dein Inneres einlassen und darfst dich nicht durch das Außen verwirren lassen. Du musst dir bewusst sein, dass der Verstand und das Außen versuchen, dich zu verlocken, dich zu irritieren, dich in eine Welt voll Schein zu entführen. Nur deine Seele ist in der Lage, wahres Sein zu geben. Das musst du wissen, fühlen, sehen, hören und leben. Du musst dir vollkommen selbst vertrauen.

Wenn der Mensch sich auf seine Seele einlässt, wird er durch alle Höhen und Tiefen getragen.

Die Seele umgibt ihn mit guter Energie. Wie ein dicker Schutzschild umkreist ihn die Seelenenergie. Sie taucht ihn in eine energetische Wolke und bildet ein schwer zu durchdringendes Netz aus Positivität. Schlechtes gelangt kaum noch zu der Person. Und wenn es dennoch einmal durchdringt, dann kann es die Seele nicht in ihrer Entwicklung aufhalten, denn nichts und niemandem gelingt es, ihr zu schaden – wenn sie es nicht zulässt, wenn sie es nicht will.

Seelenenergie ebnet uns den Weg, auf dem wir gehen. Sie öffnet uns Türen und Tore, sie sprengt unsere Grenzen und lässt uns wahre Freiheit erfahren.

Seelenenergie ist das, was dich vor allen Gefahren schützt, denn wenn du auf dem Pfad deiner seelischen Bestimmung wanderst, dann umhüllen dich Glück, Sicherheit und irdischer Frieden. Du kannst diesem Pfad blind dein Leben anvertrauen. Du musst nicht eilen, du kannst ihn auch langsam durchwandern. Du darfst auch kleine Seitenabstecher machen, um anderes zu sehen. Auch zaghaftes oder bedächtiges Gehen ist erlaubt. Jeder Mensch darf auf seinem Seelenpfad den Rhythmus seines Lebens finden.

Verlässt du deinen Seelenpfad, ohne die Verbindung zu halten, dann lichtet sich der Schutz, der dich umhüllte.

Wie gesagt, es ist beim Beschreiten dieses Weges alles erlaubt, doch du solltest ihn niemals ganz verlassen, sonst wirst du die Quittung dafür bekommen.

Ein Beispiel: Stelle dir vor, du sollst aus beruflichen Gründen eine Programmiersprache lernen. Nun gehst du in einen Kurs, entdeckst aber gleichzeitig ein Buch über eine Fremdsprache. Diese Sprache gefällt dir so gut, dass du nicht mehr auf den Unterricht achtest, sondern stattdessen lieber in dem Sprachbuch liest und dich darauf konzentrierst. Am Ende des Kurses hast du keine Ahnung vom Programmieren und bekommst kein Abschlusszeugnis. Du magst jetzt sagen, dass vielleicht nicht Programmieren, sondern das Erlernen einer Fremdsprache deine Bestimmung war, aber wenn der Beruf, für den du die Programmiersprache benötigt hättest, dein Seelenberuf war, hättest du dich durch diese unangenehme Aufgabe kämpfen müssen. So bist du nun von deinem Seelenweg abgekommen. Deine Lebensaufgabe war es,

erfolgreich in deinem Beruf zu sein, doch ohne Programmier-
kenntnisse ist dir dies nicht mehr möglich. Natürlich durftest
du eine Fremdsprache lernen, aber du hättest dich weiterhin
auf deine eigentliche Seelenaufgabe konzentrieren müssen. Und
genauso ist es mit all unseren Lebensaufgaben, die unsere Seele
durchlaufen möchte: Du darfst nebenher zwar alles andere machen und tun, aber du kommst nur an dein Ziel, wenn du die Aufgabe deiner Bestimmung löst und meisterst.

**Um nicht dauerhaft von unserem Weg abzukommen,
erinnern dich die Umstände des Lebens immer wieder
an deinen eigentlichen Weg.**

Schicksal und Seele sind sehr kreativ, um dich daran zu erinnern, was deine Bestimmung ist. Die Erfahrungen, die du dabei
machst, sollen dich zur Besinnung bringen. Deine Seele will dir
zeigen, wie gefährlich der falsche Weg ist. Erst weist sie dich ganz
vorsichtig darauf hin. Dann immer stärker. Und wenn du dennoch immer weiter auf deinem falschen Weg wandelst, wird sie
am Ende richtig rabiat.

**Auf deinem persönlichen Weg kann dir niemals etwas
Schlimmes passieren.**

Darum lasse dich nicht von anderen Menschen ablenken und irritieren, sondern folge immer deinem Lebensweg. Dein Seelenweg ist dein ganz persönlicher Weg. Es ist der Weg, der nur für
dich geebnet wurde. Es ist der Weg, der dich genug herausfordert, damit du dich nicht langweilst, der aber gleichzeitig nicht

schwerer ist, als dir zuzumuten wäre. Der Weg passt immer perfekt zu deinem Entwicklungsstand. Er gleicht sich dir an wie ein Handschuh: Wie er sich um deine Finger schmiegt, so umfließen dich die Anforderungen deines Weges.

Deine Seele sucht sich die Erfahrungen aus, die dich herausfordern und die Angelegenheit spannend machen, dich aber nicht abstürzen lassen.

Es ist wie beim Bergsteigen: Wenn du ein erfahrener und vernünftiger Bergsteiger bist, dann wählst du dir einen Weg, der eine spannende und interessante Herausforderung für dich ist, aber gleichzeitig deinem Leistungsniveau entspricht. Zu steile oder zu schwierige Routen, die für dich lebensgefährlich sein könnten, umgehst du und versuchst, andere Wege zu finden.

Deine Seele möchte dich, Mensch, vorwärtsbringen, dich entwickeln und an den Begebenheiten des Lebens wachsen sehen. Deine Seele möchte sich selbst unaufhörlich verändern. Denn alles andere ist Stillstand und das widerstrebt ihr zutiefst. Du weißt inzwischen, dass dich Stillstand zurückschleudert, dich rückwärtsgehen lässt, während das Leben gleichzeitig an dir vorbeizieht.

**Das Leben steht niemals still,
es lebt von der Veränderung.**

Der Mensch entscheidet zwar selbst über den Rhythmus seines Seelenweges, aber es muss immer einen Rhythmus geben. Er darf nicht stehen bleiben, niemals.

Gleich dich dem Leben an, gehe mit und du wirst von deiner Seelenenergie vorwärtsgetragen. Sie ummantelt und schützt dich. Sie umsorgt und behütet dich, egal, was passiert. Doch wenn du dich gegen die Gesetze stellst und meinst, du könntest aus Angst einfach dort bleiben, wo du dich im Moment befindest, dann wirst du den Halt verlieren. Du wirst dich selbst und deine Seele aus den Augen verlieren, denn deine Seele weiß um das Gesetz des Fortschreitens.

Stelle dir vor, du bist auf einem Laufband, das sich nicht anhalten lässt – du kannst nur die Geschwindigkeit bestimmen. Damit du auf dem Laufband bleibst, musst du also einen Fuß vor den anderen setzen, du darfst nicht stehen bleiben. Du musst Schritt für Schritt vorwärtsgehen, denn sonst besteht die Gefahr des Absturzes. Sobald du einen winzigen Augenblick verweilst, fällst du vom Laufband herunter. Das Laufband wartet nicht auf dich, es geht immer weiter.

So, wie das Leben immer weitergeht, und die Welt und das ganze Universum. Dinge, die vor ein paar Jahren noch modern waren, sind jetzt überholt und Schnee von gestern. Wir unterliegen alle diesem Fortschreiten. Denke nur an die vier Jahreszeiten, an die Mondphasen oder an den Kreislauf des Geborenwerdens, des Alterns und des Sterbens. Auch die Erdkugel bewegt sich unaufhörlich – alles im Leben unterliegt einer Vorwärtsbewegung.

Ein Mensch, der in seinem Leben lange stehen bleibt, verliert die Haftung in seinem eigenen Leben – er verliert sich selbst.

Er verliert den eigenen Seelenschutz, denn die Seele geht weiter. Die Seele folgt dem Kreislauf, und durch das Stehenbleiben weiß der Mensch irgendwann nicht mehr, wer er ist, warum er da ist und was der Sinn seines Lebens ist. Durch das lange Verharren kann der Menschen alles verlieren, was wichtig ist: seine Kraft, seine Energie, seinen Glauben an sich und die Welt, seine Bestimmung, seine Absicht und seine Aufgaben. Er verliert sein Wissen um sich selbst und seinen Seelenweg. Er schneidet sich von seiner Seelenenergie ab und damit verlässt ihn jeglicher natürlicher Schutz.

Wenn du eine Zeit lang stehen geblieben bist, ist es sehr schwer, wieder vorwärtszugehen und in das eigene Seelenleben hineinzufinden. Folge daher immer deinem Pfad und deiner Bestimmung, und genieße den Schutz deiner Seelenenergie. Sie warnt dich vor den Gefahren und geleitet dich sicher durch die Klippen und Strömungen des Lebens.

Deine Seelenenergie ist dein Instinkt,
dein Navigator, deine Mannschaft,
dein Kapitän und dein Schiff auf dem See des Lebens –
sie ist der sicherste Schutzpanzer, den es gibt.

Wenn du mit deiner Seele im Einklang bist, dann hast du deine Bestimmung erfüllt. Dann bringt dich dies in Bereiche, die du ohne deine Seele, also als bloßer Mensch niemals erfahren hättest. Es katapultiert dich hinweg über unangenehme Begebenheiten und schwierige Umstände. Es führt dich durch das Labyrinth des Lebens. Es hindert dich daran, den falschen Weg zu gehen. Es führt und lenkt dich. Es behütet dich und mindert den

Schmerz in deinem Leben. Wenn du seelisch lebst, dann belohnt dich das Leben durch deine eigene Seelenenergie.

Seelenenergie ist der Motor deines Lebens

Vorwärtskommen heißt nicht nur in eine Richtung gehen. Vorwärts geht es in viele Richtungen.

Wenn wir auf den Pfaden unserer Seele wandeln, dann geht fast alles wie von selbst. Wir kommen in Schwung und irgendetwas schiebt uns nach vorn. Alles läuft gut und ist im Fluss. Eine unsichtbare Kraft bringt uns an die richtigen Ufer. Diese Kraft ist unsere eigene Energie. Kein Weg ist uns damit zu lang, kein Weg zu weit, keiner zu schwer. Jede Anstrengung fällt von uns ab, wir werden durchs Leben getragen. Wie auf einer unsichtbaren Wolke schweben wir unserer Bestimmung entgegen.

Seelenenergie bringt uns zum Ziel unserer Träume.

Tief in uns wissen wir alle, wohin wir wollen. Wir spüren unsere Bestimmung tief in unserem Sein. Du weißt, wer du sein willst und was deine ureigene Bestimmung in diesem Leben ist. Habe keine Angst, dorthin zu gehen. Traue dich, diesem Pfad zu folgen, denn es ist dein eigener Weg, dein ganz persönliches Ziel. Genaugenommen bist du selbst der Weg. Du musst dich selber finden, deine eigene Essenz. Deinen eigenen Ursprung. Deine eigene Göttlichkeit. Verbinde dich mit deiner unendlichen Kraft. Verbinde dich mit deiner Seelenenergie, und du wirst dich von allem lösen, was schwer und niederdrückend im Leben ist. Du wirst losgelöst sein von der weltlichen Last. Du wirst das Leben aus einer ganz neuen Perspektive sehen. Du wirst erkennen, wozu alles in deinem Leben dient.

Seelenenergie öffnet uns die Augen für eine andere Welt. Für die Welt aus der Sicht unserer Seele.

Mache dir noch einmal bewusst, dass es nur die Ängste von außen sind, die dich daran hindern. Deine Seele hat niemals Angst – es ist das Außen, das dich bremst und festhält. Löse dich von diesen falschen Ketten. Folge dem Ruf deines Herzens, dem Sehnen deiner Seele. Lasse dich ein auf dein eigenes wunderbares Sein. Löse dich von aller Begrenztheit, denn in deiner Seele bist du wahrhaft frei.

Wenn du dem Ruf deiner Seele folgst, dann befreist du dich von allen Zwängen.

Der Mensch macht sich oft selbst klein, und damit andere nicht größer sind als er, macht er auch gerne andere Menschen klein. Wie ich dir bereits erklärt habe, ist es nicht wichtig, was andere dir sagen. Es ist nicht wichtig, was andere von dir wollen. Du musst deinem Herzen, deiner Seele folgen, dann erst wirst du grenzenlos sein. Kein Ziel ist zu fern, wenn es dein eigenes Ziel ist. Die Seele kennt keine Begrenztheit, diese kennt nur der

Mensch. Du bist aber nur zum Teil Mensch, in erster Linie bist du eine göttliche, vollkommene Seele. Vielleicht schränkt dich dein Körper etwas ein, aber dies dient lediglich deiner seelischen Befreiung. Sage dir immer wieder, dass du ein wundervolles, göttliches Wesen bist.

Kein Berg ist zu hoch, keine Talfahrt zu steil, kein Weg zu schwer – wenn es deine Seele will.

Auf unseren eigenen Pfaden zu wandeln, ist herrlich und ein wunderbares, erhabenes Gefühl. Man meint, über dem Boden zu schweben, über Stock und Stein getragen zu werden. Die Beine scheinen sich von selbst zu bewegen. Vertraue nur deiner Seele. Höre auf, zu denken und an dir zu zweifeln, denn der Zweifel bedeutet, dass du zweigeteilt bist und deine Seele und dein Verstand getrennt agieren. Bringe deinen Verstand und deine Seele in eine Einheit, und Unsicherheiten und Ungewissheiten werden sich in Luft auflösen. Überantworte deinen Verstand der Führung deiner Seele, denn dein Verstand sorgt für Mauern, Felsbrocken, Irrwege und Sackgassen auf deinem Weg. Folgst du aber deiner Seele, dann verschwinden diese Stolpersteine. Plötzlich liegt dein Weg klar und einfach vor deinem inneren Auge. Nun musst du ihn nur noch leichten Schrittes gehen. Die Seelenenergie trägt dich dorthin, wohin du auch immer willst. Sie trägt dich fort von all deinen menschlichen Sorgen.

Die Seelenenergie trägt dich hin zu deinem Lebensziel, zu deinem Paradies des Lebens.

Wenn du deiner Seele folgst, kommst du weit in deiner Entwicklung voran. Du kommst in weit entfernte Gefilde, in bekannte und unbekannte Territorien. Du kommst in Bereiche, von denen du bei deinem Start noch nicht einmal wusstest, dass es sie überhaupt gibt. Zeit ist dabei relativ. Der eine Mensch geht langsamer, der andere schreitet in seiner Entwicklung schneller voran. Manche Menschen begeben sich bereits in jungen Jahren auf ihre eigene Seelenreise, andere warten damit, bis ihr menschliches Leben statistisch gesehen zur Hälfte vorüber ist.

Messe dich nicht an der Entwicklung anderer, denn jeder muss dabei seinem eigenen Rhythmus folgen.

Gehe lieber Schritt für Schritt vorwärts, und warte dabei auf den inneren Impuls. Hetze dich nicht, und führe keinen Wettlauf mit der Zeit. Spiritualität ist etwas Wundervolles, aber sie sollte wohldosiert sein und niemals erzwungen werden. Gib den Dingen Raum, sich in Ruhe zu entfalten, denn sonst wirst du Probleme mit deiner eigenen Tiefe bekommen. Vielleicht kannst du innerhalb kürzester Zeit sehr viel neue Spiritualität erfahren und erlernen, aber du musst sie auch verstehen. Du musst sie verinnerlichen, um wirklich richtig damit umgehen zu können.

Zu viel Spiritualität auf einmal birgt die große Gefahr, die Bodenhaftung zu verlieren und in unserer Welt nicht mehr klarzukommen.

Wir alle sind Menschen, die hier auf der Erde sind, um uns seelisch zu entwickeln, und nicht, um in höhere Sphären abzudrif-

Seelenenergie

ten. Deshalb ist es enorm wichtig, mit beiden Beinen fest auf dem Boden zu bleiben und die Realität nicht aus den Augen zu verlieren. Andernfalls können psychische Erkrankungen, wie Depressionen, Wahnvorstellungen und Todessehnsucht, die Folge sein. Vergiss daher bei aller Seelenarbeit niemals, dass du auch ein Mensch aus Fleisch und Blut bist, der geboren wurde, um dieses Erdenleben mit allen Höhen und Tiefen zu erleben. Das Leben an sich ist wunderbar. Es ist eine tolle und inspirierende Erfahrung, wenn man die Hintergründe versteht und sich nicht als Opfer der Umstände begreift.

Es ist wichtig, beides miteinander zu verbinden: Mensch und Seele. Du bist nicht Mensch oder Seele, sondern menschliche Seele beziehungsweise seelischer Mensch!

Daher lebe immer beide Aspekte. Als Mensch und gleichzeitig Seele bist du unheimlich machtvoll. Du hast deine eigenen Fäden in der Hand und kannst dich damit in alle Bereiche führen, die deine Seele erfahren will. Doch du kannst dich auch in falsche Bereiche hineinmanövrieren und damit das Wunder des Lebens aus den Augen verlieren.

Deine Seele durchläuft ihre Erfahrungen in der Reihenfolge und Geschwindigkeit, die du vorgibst, wenn du ihr blind vertraust und dich nicht von falschen Empfehlungen leiten lässt.

Ein Beispiel: In einer Buchhandlung entdeckst du ein paar Bücher, die dich so sehr ansprechen, dass du sie dir kaufst. Du be-

ginnst mit dem Lesen der Bücher, doch eines von ihnen reizt dich
auf einmal nicht mehr so sehr. Dann lege es erst einmal beiseite,
denn offensichtlich ist der richtige Augenblick noch nicht gekommen, um dich mit dieser Materie zu beschäftigen. Irgendwann
wird es dich wieder in seinen Bann ziehen, und das ist dann der
richtige Zeitpunkt, dieses Buch zu lesen.

**Lasse den Dingen einfach ihren natürlichen Lauf,
denn dann bist du auf dem Weg deiner Seele,
und die Energie wird fließen.**

Seelenenergie schadet dir niemals und überfordert dich auch
nicht. Sie entstammt deiner eigenen Seele und dient daher nur
dir persönlich. Sie lässt sich auch nicht von außen beeinflussen – dies lassen nur dein Ego und dein Verstand mit sich machen. Seelenenergie motiviert dich, fortzuschreiten, auch wenn
es manchmal anstrengend ist. Sie begeistert dich, wenn du auf
etwas Wichtiges stößt. Sie führt dich und sie lenkt dich zu dir
selbst. Sie treibt dich an, wo andere aufgeben würden. Sie stärkt
dir den Rücken, wenn es schwierig wird.

Seelenenergie sorgt für ganz viel kostbare Energie.

Deine Seelenenergie lässt dir Zeit und Raum, um alles richtig zu
erfahren. Es bringt dir nichts, wenn du zu schnell in deiner Entwicklung vorwärtsgehst und das meiste nicht einmal annähernd
verstehst. Spiritualität muss jeder Mensch selbst erfahren – und
das in aller Ruhe. Man kann zwar vieles darüber lesen und Kurse
oder Seminare darüber besuchen, aber um die Zusammenhänge

richtig zu verstehen, muss man sie selbst erfahren. Daher lasse dich niemals von außen zu etwas drängen. Wenn dir etwas komisch oder seltsam vorkommt, dann höre auf deine innere Stimme, und folge der Richtung, in die sie dich lenkt. Lasse dich auch nicht von vermeintlichen spirituellen Lehrern manipulieren oder zu irgendetwas zwingen. Solche Lehrer sind weder seriös noch wirklich spirituell, sondern im eigenen Ego verhaftet. Du kannst sie von den wahren Meistern unterscheiden, denn sie leuchten nicht von innen. Sie leben von der energetischen Kraft der anderen und haben selbst kein inneres Licht.

Du hast unendlich viel Zeit auf deinem Weg zu dir selbst, denn deine Suche dauert dein Leben lang.

Daher musst du mit zwanzig noch nicht alles erfasst haben. Es reicht auch, wenn du bestimme Dinge erst viel später erkennst. Es ist besser, mit Bedacht seinen Weg zu gehen, langsam und gewissenhaft vorwärtszuschreiten, als überhastet und schnell alles lernen zu wollen. Doch leider gibt es viele Menschen, die übereilt durch die Esoterik »hetzen« und dann meinen, andere bekehren zu müssen, ohne die Dinge selbst verstanden zu haben. Dadurch werden oberflächliche Informationen an Menschen weitergegeben, die aus eigener Unwissenheit auf die scheinbar gut gemeinten Ratschläge hören und dadurch einen falschen Weg einschlagen, anstatt auf die Stimme ihrer Seele zu hören.

Es gibt nicht nur einen Weg. Seelenwege gibt es viele verschiedene, aber nicht alle Wege sind für dich bestimmt.

Daher orientiere dich nicht an anderen, folge nicht blind ihren Wegen. Auch wenn sie einen Trampelpfad vorgeben, dem zu folgen einfacher erscheint, kannst du straucheln und fallen – denn du befindest dich auf dem falschen Weg.

Höre lieber in dich hinein, und suche deinen eigenen Pfad. Manchmal kann man zwar ein Stück des Weges gemeinsam gehen, doch meist trennen sich irgendwann die Wege wieder. Viele Strecken muss man allein gehen, schließlich möchte man seine eigene Seele, sein Selbst finden, und das kann man nicht mit jemand anderem gemeinsam tun. Der andere muss sein eigenes Glück suchen, denn auch er ist auf der Suche nach sich.

Die Suche nach sich selbst ist ein Weg, den man allein gehen muss.

Seelenenergie ist der Schlüssel zu deinem Glück

Nur einer hat den Schlüssel zu deinem Glück,
nur einer kann dir dieses Tor öffnen.

Vielleicht stellst du dir die Frage, warum manche Menschen, egal, was sie tun, immer Glück im Leben zu haben scheinen und immer auf der Sonnenseite stehen. Was macht den Unterschied aus, sodass die Wünsche, Träume und Ziele der anderen in Erfüllung gehen und deine nicht? Was kannst du selber tun, damit dir nur

Gutes widerfährt? Es gibt sehr viele Bücher zu diesem Thema, zum Thema Wünsche und wie diese in Erfüllung gehen können. Die ganze Angelegenheit scheint dabei immer sehr einfach zu sein: Man bestellt etwas und bekommt es geliefert. Komisch ist nur, dass dies bei einem selbst irgendwie nicht so gut funktioniert, bei allen anderen aber scheinbar schon. Was macht man falsch?

Zunächst muss man sich bewusst machen, dass es nicht nur darum geht, eine Bestellung aufzugeben. So einfach funktioniert das System des Lebens leider nicht. Das System des Lebens ist viel diffiziler.

Einfache Bestellungen kommen nicht immer an.

Es wäre ja auch zu schön, wenn man sich einfach alles bestellen könnte. Da würden mir sicher auch so ein paar Dinge einfallen, die ich gerne hätte. Dir bestimmt auch, denn wer würde nicht gerne alles ordern können, wenn man nicht dafür bezahlen müsste ...

Das Hauptproblem an so einem Bestellsystem ist, dass man vor allem menschliche Güter bestellt, die aber deine Seele nicht im Geringsten interessieren. Wozu brauchst du, Seele, ein Schloss in Südfrankreich? Wozu brauchst du ein millionenschweres Bankkonto? Wozu brauchst du einen Sportwagen für zweihunderttausend Euro? Brauchst du das für deinen Seelenweg? Oder willst du das alles aus niederen menschlichen Bedürfnissen? Macht dich übertriebener Luxus wirklich glücklich, oder bildest du dir das bloß ein?

Was brauchst du in diesem Leben wirklich, um deiner Bestimmung zu folgen? Diese Frage kann ich dir nicht beantworten, das kannst nur du selbst. Aber ich kann dir sagen, dass es keine weltlichen Güter allein sein werden. Keine Angst, ich predige sicher nicht, dass man sich von allen weltlichen Gütern lösen muss, um Glück zu finden. Natürlich brauchst du gewisse weltliche Güter, damit du als Mensch auf dieser Welt ein angenehmes Leben führen kannst. Doch durch zu viele weltliche Güter bindest du dich sehr ans Menschsein, während du dich doch eigentlich davon lösen und zufrieden, glücklich und bei dir selbst sein solltest. Durch eine Anhäufung von weltlichen Gütern kannst du dein Glück nicht vermehren. Es wird dich eher weltlich beschweren, es wird dich von deinen seelischen Aufgaben ablenken und daher deinem inneren Glück viel eher entgegenstehen.

Glück findet man nicht im Reichtum.
Glück findet man nur in sich selbst.

Das Glück ist immer da, auch wenn du es nicht immer erkennst. Es ist in deinem Inneren, doch du hast es wahrscheinlich durch zu viele andere Dinge »zugedeckt«. Es liegt unter deinen Sorgen und Ängsten, unter deinem Schmerz, Frust und Leid vergraben. Dennoch ist das Glück die ganze Zeit tief in dir vorhanden.

Das Glück ist immer im Menschen, doch die meisten kommen nicht mehr an ihr Glück heran.

Für dein Glück musst du dich selbst finden. Für dein Glück musst du tief in deine eigene Seele schauen. Dort schlummert es seit vielen Jahren. Es schlummert und wartet nur darauf, dass du es zum Leben erweckst. Dass du es atmen lässt. Dass du in deine eigene Erfüllung gehst und dein Seelenglück erlebst. Das Glück findest du niemals im Außen: Ein anderer Mensch kann dir niemals wahres Glück bescheren. Du bist dein eigener Schlüssel zum Glück – du und deine Seelenenergie. Du musst nur zurück zu dir selbst, zu deiner dich liebenden Seele. Dorthin musst du dich begeben, um dein Glück zu finden.

Wenn du Glück suchst, dann höre auf, danach Ausschau zu halten, sondern blicke tief hinein in deinen Seelenkern.

Dort ist dein Glück, denn da bist du. Dort ist deine Seelenenergie. Wo deine Essenz, dein Kern ist, da liegt dein Glück verborgen. Denn Glück, das bist du.

Erinnere dich: Wenn du im Sinne deiner Seele lebst, erfüllst du deine Bestimmung, du erfüllst dein Sein. Du folgst deinem Plan, und genau das ist Glück. Dein Seelenweg ist die Fahrkarte in diese Welt und damit auch ins Glück.

Dein Seelenweg ist deine Fahrkarte ins Glück.

Menschen werden nicht ohne Grund geboren, und auch du lebst hier auf Erden nicht ohne Sinn und Zweck. Du bist hier, um zu wachsen, und deswegen gibt es in deinem Leben nicht immer nur Sonnenschein. Es können auch dunkle Wolken an deinem Horizont aufziehen. Und hin und wieder kann es sogar einen heftigen Sturm geben. Doch wenn du deiner eigenen Bestimmung, wenn du dem Pfad deines Lebens folgst, dann wirst du wahrhaftig glücklich sein. Denn was gibt es Schöneres im Leben, als immer bei sich selbst zu sein? Was meinst du, gibt dir mehr Glück? Wenn du dich für andere verbiegst und verstellst, um irgendwelche Erwartungen zu erfüllen, und dich und deine Bestimmung aus den Augen verlierst? Oder wenn du weißt, wer du bist, weißt, wohin du willst, und nur nach deiner Erfüllung strebst?

Ein Beispiel: Du planst eine Reise durch ein fernes Land und suchst dir im Vorfeld bestimmte Sehenswürdigkeiten heraus, die du unbedingt sehen willst. Doch auf deiner Reise besuchst du dann doch ganz andere Sehenswürdigkeiten. Was meinst du, was nun mit dir passiert? Wenn du zwar andere schöne Landschaften siehst, aber nicht die von dir gewählten Ziele? Was wirst du denken? Du wirst enttäuscht sein und dich über dich selbst ärgern. Am Ende deiner Rundreise wirst du nicht glücklich sein. Und genauso ist es mit deinem Seelenplan und deinen Lebensaufgaben. Wenn du sie nicht erfüllst, kannst du niemals richtig glücklich sein, denn du bist dann niemals ganz nah bei dir. Lebst du aber nach deiner Bestimmung, dann kannst du das Glück in dir zum Fließen bringen. Das Glück ist wie eine Quelle, deren klares Wasser tief aus deinem Inneren hervorsprudelt und dich mit seiner Reinheit umspült. Es ist die Quelle deiner Seele, die so rein und frisch ist wie klares Bergwasser – und das nun durch viele Schichten an die Oberfläche bricht.

Die Quelle deiner Seele bringt dir reines und frisches Glück, denn sie musste aus vielen tiefen Schichten deines Selbst hervorgehen.

Diese Quelle deines Glücks ist reine, pure Energie. Wenn sie erst einmal richtig sprudelt, ist sie stark, kraftvoll und unerschöpflich. Wenn du diese Quelle tief in dir geöffnet hast und dir ihr Wert bewusst wird, dann versiegt diese Quelle nie. Es ist die Quelle deiner reinen Seelenenergie.

Seelenenergie ist das Barometer deiner Entwicklung

Mal ist deine Energie oben, mal unten –
doch es liegt an dir, wohin du willst.

Deine Seelenenergie zeigt dir immer, in welcher Phase du dich gerade befindest. Sie ist das Barometer deiner Entwicklung, denn nichts zeigt dir deutlicher, wie es um dich und deinen Seelenweg steht.

Du kannst nicht auf dem Holzweg sein und gleichzeitig vor lauter Seelenenergie sprühen. Ganz im Gegenteil: Wenn du dich auf Abwegen deines Lebens befindest, dann stockt diese Quelle der Energie. Der Fluss deines Lebens wird unterbrochen. Du steckst fest und ebenso deine kostbare Energie. Erst wenn du dich aus deiner Starre befreist und wieder in Bewegung kommst, fließt auch deine Seelenenergie wieder.

Deine Seelenenergie verrät dir alles über dein Seelenleben.

Sie spricht zu dir und tadelt dich leise über deine kleinen Vergehen. Sie wird jedoch lauter, wenn du dir große Verfehlungen im Leben leistest. Und sie schreit dir ins Gewissen, wenn du völlig planlos in deinem Leben vorwärtsgehst und in die völlig falsche Richtung irrst.

Deine Seelenenergie fließt hingegen, wenn du alles richtig machst. Dann trägt sie dich durchs Leben. Sie erhebt dich aus dem schweren Ungemach und ebnet dir deinen Weg. Doch du weißt nun, dass sie dies nur so lange tut, wie deine Richtung stimmt. Was sie dir nicht verzeiht, ist, wenn du die Richtung deiner Seele ganz verlässt. Denn wenn du den falschen Weg gehst, kannst du deine vorgesehenen Entwicklungsschritte nicht machen. Dann verbringst du hier auf Erden eine seelisch völlig sinnlose Zeit. Und auch wenn deine Seele die Zeit als solche nicht kennt, so ist es ihr trotzdem wichtig, stets in der Entwicklung vorwärtszugehen.

Wenn du dir ein einfaches Leben wünschst, dann folge der Bestimmung deiner Seele, folge dir selbst.

Du wirst sehen, es werden Türen und Tore aufgehen. Du wirst alte Schlösser sprengen und alte Stricke lösen. Und das Geheimnis bist nur du selbst. Das Geheimnis ist deine eigene Bestimmung. Das Geheimnis ist dein vereinbarter Seelenplan, dein ganz eigener Weg.

Wenn du auf unüberwindliche Probleme stößt, dann überdenke deinen Weg.

Doch, wie gesagt, nicht jede Schwierigkeit sollte dich gleich zum Umkehren bringen, denn deine Seele liebt auch die Herausforderungen im Leben. Sie liebt es, zu prüfen, ob du mehr Mensch oder mehr Seele bist. Doch Hindernisse, die immer mehr wachsen, je näher du ihnen kommst, können ein Hinweis auf einen Irrweg sein. Je mehr du dich in Schwierigkeiten verstrickst, desto eher solltest du deine bisherige Lebenssituation überdenken. Du solltest dir genau überlegen, ob sich deine Lebensvorstellungen von früher mit deinem derzeitigen Leben im Großen und Ganzen decken, oder ob du aus Bequemlichkeit und falschen Idealen vor einigen Jahren deinen Lebenskurs verloren hast.

Oft lassen wir uns im Leben sehr leicht beeinflussen. Erst sind es die Eltern, Geschwister oder Freunde. Später kann es auch der Partner sein, dem zuliebe wir einen falschen Weg einschlagen. Doch wir dürfen uns niemals selbst aus den Augen verlieren, denn nicht unsere Eltern, Geschwister, Freunde oder unser Partner würden das Nachsehen haben – nein, wir sind es, die von unserem eigentlichen Ziel abkommen würden und mit den Konsequenzen leben müssten.

Gut gemeinte Ratschläge bringen uns meist nicht an unser Ziel, sondern an das Ziel unseres Ratgebers.

Die Folgen können verheerend sein und sind in unserer Gesellschaft weit verbreitet: tiefe Unzufriedenheit, Freudlosigkeit, Ängste, Burn-out, Depressionen, körperliche Beschwerden, Schmerzen, Krankheiten, Psychosen, Arbeitslosigkeit, Trennungen und Partnerverluste, Existenzprobleme, Suizidgedanken u. v. m.

Und das alles »nur«, weil man nicht erkannt hat, dass man nicht bei sich selbst war, dass man sich selbst untreu geworden ist, dass man die eigene Seele um dieses Leben betrogen hat.

Je weiter man sich in die falsche Richtung verirrt hat, desto schwerer wird es, umzudrehen und den Weg zurück zu finden. Viel Falsches hat sich über die Zeit im Innersten festgesetzt, und man findet kaum noch aus dem Irrweg heraus. Denn wenn ich viele Jahre den falschen Weg gegangen bin, habe ich meist vergessen, welcher der richtige für mich ist. Doch es ist nie zu spät, sich neu zu orientieren und die Richtung zu wechseln. Wenn du nicht mehr weißt, wo du hingehörst, dann suche dir Hilfe bei einem guten Seelentherapeuten. Oftmals sieht man vor lauter Bäumen den Wald nicht mehr, doch ein objektiver Therapeut kann einem helfen, die festgefahrene falsche Sicht der Dinge zu lösen und eine andere Perspektive ermöglichen.

Seelentherapie ist Hilfe für deine Seele, wenn du dich selbst vollkommen vergessen hast.

Es ist nicht schlimm, wenn man sich in so einem Fall Hilfe von außen sucht. Schlimm wäre es, wenn man vor lauter innerer Unzufriedenheit nur einen weiteren falschen Schritt macht oder gar sein Leben von dem einen auf den anderen Tag hinwirft, ohne sich Gedanken zu machen, was dies für Konsequenzen haben kann. Sehr oft müssen der Partner und die Kinder leiden, wenn innerlich zerrissene Menschen kopflos und völlig überstürzt in die falsche Richtung laufen. Auch diese Richtung entspricht nicht dem eigentlichen Seelenweg. Vor allem nicht, wenn andere Menschen darunter leiden, denn eine Seele baut ihr Glück niemals auf das anderer auf.

Innere Unzufriedenheit entsteht immer nur durch dich selbst – nicht durch andere.

Aus diesem Grund ist es in der Regel falsch, die Schuld bei seinen Mitmenschen zu suchen, sie vielleicht sogar im Stich zu lassen und zu meinen, dass damit alle Probleme auf einmal gelöst wären. Mache dir bewusst: Diese Menschen – dein Partner und vor allem deine Kinder – können nichts dafür, dass du von deinem Seelenweg abgekommen bist. Du bist in die falsche Richtung gegangen, du hast deinen Seelenweg ignoriert. Und du darfst dein Glück nicht auf Kosten deiner Kinder oder deines Partners aufbauen. Denn das Glück ist wie eine zarte und zerbrechliche Pflanze und würde in diesem Fall nur schlecht gedeihen. Suche dein Glück lieber zusammen mit deiner Familie, damit es stark und kräftig wachsen kann.

Verliere nie dich selbst, denn du wirst dich nur schwer wiederfinden – und andere überhaupt nicht.

Bleibe im Leben stetig bei dir. Wisse, wer du bist, und arbeite ruhig an deinen Belangen. Du kannst zwar auch mal nach links oder rechts schauen, aber folge deinem eigenen Pfad. Lasse dich nicht von anderen irritieren, denn dies gelingt ihnen nur, wenn du nicht wirklich weißt, wer du bist. Dies schaffen sie nur, wenn du selbst unsicher bist. Doch du bist eine Seele, so wie sie. Mache dir dies immer wieder bewusst. Du bist ein Wunder der Natur. Du bist einzigartig, denn niemand ist so wie du. Stehe zu dir, und vertraue deinem Selbst. Du bist wundervoll. Du bist wertvoll. Du bist ein Geschenk des Himmels. Verbinde dich mit dir. Vertraue deiner Seele, und wandle auf ihrem Pfad. Er wird dich in unendliche Weiten und Horizonte führen und dir eine einzigartige Welt offenbaren, eine Welt nur für dich. Dein Pfad wird dich durch alle menschlichen Prüfungen und Verstrickungen geleiten, er wird dich emporheben und durch die Erdenwelt tragen, er wird dich mit guter, stärkender und schützender Energie umhüllen – mit deiner eigenen Seelenenergie.

Wenn die Seelenenergie zwischendurch einmal stockt

Auch die besten und schnellsten Motoren können ins Stocken geraten.

Auch wenn wir auf unserem Seelenweg wandeln, kann unsere Seelenenergie ins Stocken geraten. Dies ist eine ganz normale Erscheinung unseres Lebens und hat nicht gleich damit zu tun, dass wir falsch liegen.

Stockende Energie ist nicht zu vergleichen mit einer Energieblockade. Sie ist nicht so massiv, auch wenn sie zu Unzufriedenheit und einem leichten Leistungsabfall führt. Plötzlich hat man das Gefühl, nicht mehr so viel zu schaffen wie zuvor, obwohl man dennoch vieles im Leben bewegt. Doch die Umstände fordern noch mehr von einem, und man wäre gern in der Lage, mehr zu bewegen, mehr zu erreichen. Es ist zwar eigentlich alles gut, aber dennoch irgendwie schwer und anstrengend. Man hat das Gefühl, nur reagieren zu können und keine Möglichkeit des Agierens zu haben. Der Mensch meint in so einer Lebensphase, dass er zu viele Abstriche machen muss. In ihm herrscht eine innere Unzufriedenheit: Er will mehr leisten, doch der Verstand sagt ihm, dass mehr nicht machbar sei. Der Körper fühlt sich müde und schlapp. Man braucht Ruhepausen, obwohl man lieber etwas tun würde. Das eigene Energiesystem ist ins Stocken geraten, und man fühlt sich innerlich vollkommen zerrissen.

Unsere Energie kann im Leben nicht immer nur fließen, in jedem Leben kann sie zwischendurch auch mal ins Stocken geraten.

Aber mache dir keine Vorwürfe, denn du hast nicht wirklich etwas falsch gemacht. Du bist immer noch auf deinem Weg, du hast dir nur zu viel aufgeladen. Und du bist damit nicht allein. Wir Menschen neigen dazu, uns einfach viel zu viel Ballast aufzuladen. Wir wollen zu viel auf einmal. Wir übernehmen uns manchmal mit viel zu vielen Gepäckstücken.

»Halt«, magst du vielleicht jetzt sagen, »nicht ich lade mir zu viel auf, sondern die Umstände. Meine Umgebung, meine Mitmenschen, meine Mitarbeiter, mein Chef, meine Familie, meine Freunde. Nein, das lade nicht ich mir auf, sondern die anderen tun es.«

Aber wer sind die anderen? Wer sind die Menschen um dich herum? Was ist dein Außen? Was ist dein Umfeld? Das bist alles du, denn du bist Teil deines Umfeldes. Du bist Teil deiner Umgebung. Du bist derjenige, der sich dieses Umfeld selbst geschaffen hat. Schimpfe nicht, und hadere nicht, denn so schimpfst du nur über dich selbst. So erreichst du rein gar nichts. Keine Besserung, keine Veränderung, keinen guten Energiefluss.

Praktische Übung:

Nimm dir einen Augenblick Zeit. Setze dich hin, und denke über deine derzeitige Situation nach: Was musst du unbedingt machen? Was sind die wichtigen Dinge in deinem momentanen Leben? Was belastet dich unnötig? Was würdest du am liebsten abgeben? Welche Aufgaben erscheinen dir sinnlos? Wo liegen deine eigentlichen Prioritäten? Wo liegen deine eigentlichen seelischen Aufgaben? Wie kommt es, dass du so vieles an dich herangezogen hast? Warum hast du zu oft »Ja« gesagt? Steckt dahinter ein inneres Bedürfnis nach Bestätigung, nach Anerkennung, das dir nicht bewusst ist? Was treibt dich an? Warum erschöpfst du dich selbst? Was würdest du insgeheim gerne erreichen? Welcher Seelenanteil deiner selbst wartet auf Erfüllung, auf Beachtung, auf Liebe? Welche Person deiner Vergangenheit (oder auch Gegenwart) hat dich so geprägt, dass du bereit bist, mehr auf dich zu laden, als du in Wirklichkeit tragen kannst? Was ist dein geheimes Ziel? Wessen Unterstützung und Schulterklopfen hast du einst nicht in dem Maße bekommen, wie du es gebraucht hättest? Wessen Liebe wurde dir einst versagt, nach der du dich so gesehnt hast? Für welche Person stellen alle anderen Menschen deiner Umgebung einen Ersatz dar? Um wen könnte es sich handeln? Um deinen Vater? Deine Mutter? Oder um beide? Ist es ein Großelternteil? Ein Onkel oder eine Tante? Forsche nach, und erinnere dich. Löse die energetische Bindung zu dieser längst vergangenen Situation. Löse dich von den Ansprüchen von damals. Du brauchst ihnen heute nicht mehr zu genügen. Deine Vergangenheit bleibt zwar ein Teil von dir, denn sie hat Spuren und Prägungen auf deiner Seele hinterlassen. Doch du darfst dich von deiner Vergangenheit nicht beherrschen lassen. Sie hat dich zwar beeinflusst und zu dem gemacht, was du heute bist, aber sie ist vergangen, und du lebst jetzt ein neues Leben. Ein Leben im Hier und Jetzt.

Die Vergangenheit ist vorbei, lasse dich daher niemals negativ von ihr prägen.

Manchmal sind die Dinge im Leben, an denen wir wachsen sollen, nicht jene, die wir meistern, sondern jene, die wir schaffen loszulassen. Loslassen ist eine Kunst, die viele Menschen nicht beherrschen. Viel zu oft klammert sich der Mensch an alles Mögliche: Er klammert sich an seine Mitmenschen, an seine Familie. Er klammert sich an seine Arbeit, an seine beruflichen Pflichten, an sein Geld. Er klammert sich an das Vergangene und an jeden schönen Augenblick. Doch er muss lernen, alles wieder gehen zu lassen, denn nichts kann ewig bleiben. Dies kann lediglich des Menschen Innerstes – seine Seele.

Was uns immer bleibt, ist unsere Seele. Sie bleibt, aber auch all unsere Erfahrungen bleiben – wenn wir uns von diesen nicht lösen. Gute Erfahrungen sollten wir behalten und hüten wie einen großen Schatz. Aber von den schlechten sollten wir uns lösen. Doch wir behalten sie meist jahrelang und manchmal auch ein ganzes Leben. Dabei sind sie kein Teil von uns selbst. Sie sind uns lediglich passiert, sie sind geschehen, haben uns aus der Bahn geworfen und irritiert und oft auch verwirrt. Es stimmt, die Prägungen sind ein Teil von uns, doch nicht die Erfahrungen an sich. Wenn wir die schlechten Erfahrungen bewahren, haben sie Einfluss auf uns. Dann können sie über uns bestimmen und uns in neuen Situationen zwingen, Dinge zu tun, die überhaupt nicht unserer seelischen Natur entsprechen.

Ein Beispiel: Wenn ein Mensch in seiner Kindheit emotional missbraucht worden ist, hat er gelernt, seine eigenen Bedürfnisse immer zurückzustellen. Auch im Erwachsenenleben fällt es ihm nun sehr schwer, seine eigenen Bedürfnisse zu erkennen, zu äußern und vor allem zu verteidigen. Dies schlägt sich beispielsweise auf sein Berufsleben nieder: Er ist nicht in der Lage, seinem Chef zu sagen, dass er die Überstunden nicht mehr schafft, und schluckt viele seiner eigenen Anliegen herunter.

Schlechte Erfahrungen in der Kindheit führen oft zu einer lebenslangen falschen Programmierung.

Doch damit bist du nicht allein, denn gerade die Erfahrungen unserer Kindheit prägen uns. Sie führen dazu, dass in unserem Kopf ein Film abläuft und wir nicht mehr authentisch sind. Man schlüpft wie auf Knopfdruck in die alte Rolle des schutzbedürftigen Kindes, in das sich damals eine so tiefe energetische Prägung eingefressen hat. Jede Ähnlichkeit mit damals führt zu denselben Gefühlen. Gefühle, die kein Mensch gerne erlebt. Die den Menschen aus seiner Sorglosigkeit reißen und in ein ängstliches, unsicheres Wesen verwandeln. Das Schlimme ist, dass es dazu lediglich eines kleinen Auslösers bedarf, eines kleinen Wortes, und die neue Situation verknüpft sich mit der damaligen Erfahrung.

Wenn wir uns von alten Erfahrungen nicht energetisch lösen können, dann reicht oft ein kleiner Reiz, und wir sind wieder im alten System.

Es ist wie bei einer Impfung: Das Immunsystem des Körpers erkennt das Antigen, gegen das es bei einer vorherigen Impfung Antikörper aufgebaut hat, und erinnert sich sofort an die durchgemachte Impfung mit dem gleichen Stoff von damals. Daher läuft das bekannte Immunprogramm ab. Bei unseren Kindheitserfahrungen läuft es im Prinzip genauso, allerdings mit dem Unterschied, dass die »gemachte« Erfahrung beim Impfen von Vorteil für den menschlichen Organismus ist, bei unserer Seele sorgt sie hingegen nur für Nachteile.

Wir fühlen uns ausgeliefert – und das sind wir in dem Moment auch. Wir sind vollkommen in unsere Vergangenheit verstrickt. Viele Menschen bemerken diesen Umstand nicht. Sie spüren diese alte feste Bindung nicht, die sie immer wieder in ihr altes Verhaltensmuster drückt.

Lerne, loszulassen und innerlich frei zu sein.

Dafür musst du dich deinen alten Erfahrungen stellen. Du musst die typischen Situationen von damals analysieren und deine typischen Reaktionen darauf. Erst wenn du verstehst, warum du in vielen Situationen eigenartig und nach einem zwanghaften Schema reagierst, kannst du als ein stiller Beobachter anfangen, dich davon zu lösen. Das erfordert allerdings neben der genauen Analyse – die dir sicherlich wegen der subjektiven Sichtweise allein schwer fallen wird, weshalb du hier die Unterstützung eines Seelentherapeuten suchen solltest – viel Übung und Geduld. Du musst lernen, dich selbst umzuprogrammieren. Doch Übung macht den Meister, und du als Mensch mit einer Seele kannst alles erreichen, was du erreichen willst.

Ein Beispiel: Du hast einen »Ordnungszwang«, der dich sehr stört, weil alles bei dir stets sauber und aufgeräumt sein muss. Lerne loszulassen! Wenn in deinem Heim nicht immer alles perfekt ist, dann ist das nicht schlimm, denn es ist dein Heim, und niemand anderes hat das Recht, dich dafür zu kritisieren. Wenn du heute nicht aufräumen kannst, dann mache es einfach morgen. Die Unordnung wird nicht weglaufen, sie wird auf dich warten. Nur weil mal ein oder zwei Tage etwas Chaos herrscht, heißt das nicht, dass du unfähig bist oder dass du versagt hast. Es zeigt nur, dass du nicht alles auf einmal geschafft hast, aber intelligent genug bist, Prioritäten zu setzten. Lasse dich dafür nicht von anderen tadeln. Wenn es die anderen stört, können sie gerne selbst bei dir aufräumen. Wenn es jemandem nicht passt, wie es bei dir aussieht, muss er dich nicht besuchen. Lerne überhaupt, alles, was dich belastet, loszulassen.

Lerne, die Dinge loszulassen, die du nicht sofort und auf der Stelle ändern kannst.

Reduziere deine Erwartungen an dich selbst. Denn deine eigenen Erwartungen sind meist die Summe der Erwartungen anderer. Sie gehören nicht alle zu dir. Für deine Seele bist du bereits richtig und perfekt – du musst diese Tatsache nur noch leben.

Bedenke immer: So wie innen so außen – und umgekehrt: So wie außen so innen. Das ist ein Naturgesetz. Diesem Gesetz sind wir alle unterworfen, auch du. Mache dir dieses Gesetz bewusst, und du wirst immer wissen, wie es um deinen seelischen Kern bestellt ist. Du musst dafür nur dein Umfeld, dein Außen, dein derzeitiges Leben betrachten. Wenn dir dein außen nicht gefällt, dann bist du auch innerlich unaufgeräumt. Ist außen jedoch alles harmonisch, dann ist deine Seele zufrieden mit dir als Menschen.

Nimm dein Leben als Spiegel,
und du siehst darin dich selbst.

Hadere nicht mit dir, wenn es mal nicht so vorwärtsgeht, wie du es dir gerade wünschst. Wahrscheinlich musst du einfach mal einen Gang runterschalten, deinen eigenen Rhythmus verlangsamen. Du darfst dich nur nicht aus den Augen verlieren, dann ist alles gut. Wichtig ist, dass du weißt, dass du ein wundervoller Mensch bist. Zwar ein Mensch mit Fehlern, doch Fehler sind zum Lernen da. Man sollte sich nur immer bemühen, anderen Menschen und auch sich selbst nicht zu schaden. Vergib dir deine Fehler, aber arbeite an ihnen. Kein Mensch kann alles perfekt und gut machen – das ist menschlich nicht möglich. Auch unsere Erde ist nicht perfekt, auch sie hat viele Fehler. Wenn es keine Fehler im Leben gäbe, säßen wir alle im Paradies.

Versuche, dein Leben als das zu sehen, was es ist: als wundervolle Erfahrung mit Höhen und Tiefen, mit Herausforderungen und Chancen auf Glück, mit Freude und innerem Frieden. Das Leben ist immer schön: Wenn es bei dir im Leben gerade nicht schön ist, dann ist es irgendwo anders schön.

So, wie die Sonne immer irgendwo auf der Welt scheint, so gibt es auch immer irgendwo auf der Welt Glück und Freude.

Nimm die Herausforderung an, und zeige dir selbst, dass du glücklich und voller Freude sein kannst. Genieße jede schöne Stunde, und lebe in vollen Zügen. Denn das Leben des Menschen ist viel zu kurz, um mit seinem Schicksal zu hadern. Das Leben ist ein Geschenk. Ein Geschenk von dir, deiner Seele. Ein Geschenk an dich, zur seelischen Offenbarung. Genieße jeden Augenblick, denn für dich als Menschen ist jeder Augenblick deines Lebens dein größter Schatz auf der Erde.

Verbinde dich mit deiner eigenen Göttlichkeit.
Verbinde dich als Mensch mit deiner Seele – und lebe.

Du bist heilige Energie.
Du bist Seelenkraft.
Du bist Seelenenergie.

Literaturempfehlungen

Browne, Sylvia: *Phänomene – Die Welt des Übersinnlichen aus medialer Sicht A–Z.* Wilhelm Goldmann Verlag 2006.

Lipton, Bruce H.: *Intelligente Zellen.* Koha Verlag 2008.

Ritter, Thomas: *Die Palmblattbibliotheken und ihre Prophezeiungen zur Zukunft Europas.* Jochen Kopp Verlag 2006.

Schmidt, Nathalie: *Energie. Grundlage des Lebens. Von grundlegenden Energiezentren bis zu Energieräubern.* Schirner Verlag 2012.

Schmidt, Nathalie: *Energie im menschlichen Leben. Energiemangel vorbeugen und ausgleichen.* Schirner Verlag 2012.

Schmidt, Nathalie: *Warum? Der Tod als Entwicklungsweg.* Schirner Verlag 2013.

Über die Autorin

Nathalie Schmidt arbeitete als examinierte Krankenschwester. Durch diesen Beruf kam sie mit Leben und Tod in Kontakt und setzte sich intensiv damit auseinander. Sie erkannte dabei den Zusammenhang zwischen Energie und menschlichem Leben und beschäftigt sich seit 1996 eingehend mit diesem Thema. Sie gibt regelmäßig Reiki-Behandlungen sowie Coaching-Sitzungen.

Weitere Informationen unter:
www.energie-lebensberatung.de

Außerdem von Nathalie Schmidt im  erschienen

Nathalie Schmidt
Warum?
Der Tod als Entwicklungsweg

256 Seiten
ISBN 978-3-8434-1119-6

Altern, Gebrechlichkeit, Sterben und Tod gehören immer noch zu den großen Tabuthemen in unserer modernen Gesellschaft und werden gerne im Alltag ausgeblendet.

Anhand von Beispielen aus ihrer therapeutischen Praxis macht die Autorin auf einfühlsame Weise die seelischen Zusammenhänge, die zum Tod führen, erfahrbar: Sterben und Tod sind Stufen des seelischen Entwicklungsweges – und somit ein integraler Bestandteil des Lebens. So ist es aus energetischer Sicht möglich, die verschiedenen Ursachen des Todes als natürliche und logische Vorgänge zu verstehen.

Ein Buch, das Sie zum Nachdenken über Ihr bisheriges Leben anregt und Ihnen alternative Handlungsweisen zur klassischen Trauerarbeit anbietet.